保護者の方へ

大阪電

2020年度から始まったプログラミング教育

ICTの時代を迎え、2020年度から小学校でのプログラミング教育が開始されました。子どもたちは、生活の中でタブレットやスマートフォン、パソコンなどを活用しながら生活していくために、コンピュータの原理であるプログラミングの考え方を学びます。

子どもたちは体験を通して、いろいろなことを学習します。花壇で草花を育てたり、水槽で魚を飼育したりする経験を通して、自分たちの身近にあるものがどのように作られているかを学びます。同様に、プログラミングの考え方を学ぶことで、ゲームやアプリなどの、身近なソフトウェアがどのように作られているかを体験的に学ぶことができるのです。

小学校の授業では、算数や理科、社会、国語、英語など、さまざまな教科でプログラミングを活用することになります。本書を使い、プログラミングの考え方を知ることで、小学校から中学校、高校までの一貫したプログラミング教育の基礎を学ぶことができるでしょう。

これからの未来を担う子どもたちに必要なプログラミング的思考

タブレットやスマートフォンとパソコン、そして自動運転の自動車などの組み込まれたコンピュータに囲まれた生活を送ることになる子どもたちにとって、コンピュータの考え方を知っておくことは重要です。

コンピュータにはCPUという頭脳が内蔵されていて、「順次」「反復」「条件分岐」という考え方で、プログラムに書かれた命令を処理していきます。コンピュータは高度な処理を行えるように改良されて、どんどん高速になっていますが、基本的には1秒間に1億回以上の処理を行えるだけで、これらの基本的な考え方は変わっていないのです。

子どもたちが本書に取り組むことで、次ページのような重要な考え方を自然と体験することができます。コンピュータという機械に理解してもらえるプログラムを作る経験を通して、「論理的に考えを伝えること」を身につけることができるのです。

この本で学習すること

この本では、「順次（じゅんじょ）」「反復（くりかえし）」「条件分岐（ぶんき）」を中心に、「イベント処理（イベントしょり）」「コンピュータの考え方（コンピュータのかんがえかた）」「変数（へんすう）」を学びます。

順次は、プログラムの命令が上から順に1つずつ実行されます。反復は、指定された命令が繰り返し実行されます。条件分岐は、条件によって実行する命令を切り替えます。

イベント処理は、スマートフォンのアプリのように、「画面を押されたとき」に行う処理を実行します。コンピュータの考え方では、アルゴリズムや画像の表現などの身近な仕組みを扱っています。変数は、どのボタンが押されたか、入力されたメッセージは何か、といったコンピュータがデータを扱うための仕組みです。

※（　）内の文字は本書で使用している名称

もくじ

1・2年の　たのしい　プログラミング

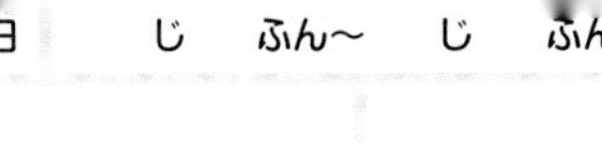

じゅんじょ①

なまえ

てん

1 ㋐～㋒の　つみきで　できた　いえが　あります。

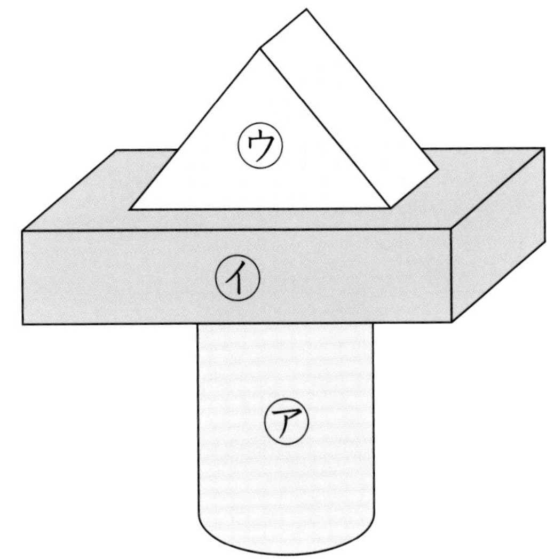

つみきが　たおれないように　上(うえ)から　１つずつ　とって　いきます。どの　じゅんに　とれば　いい　ですか。

40てん

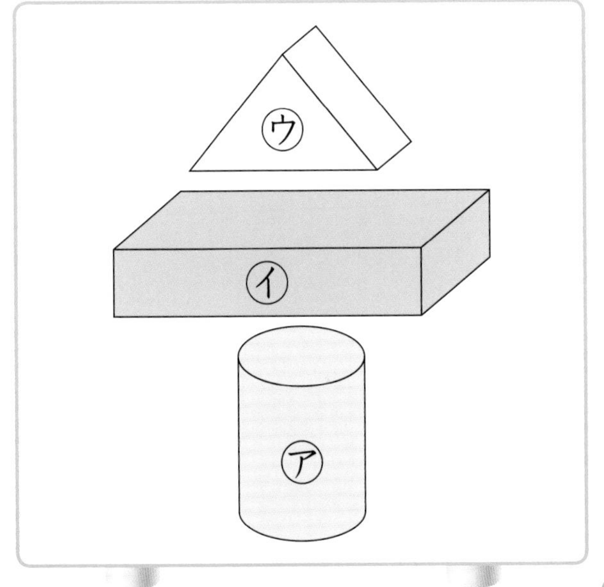

（　　　→　　　→　　　）

2 ㋐〜㋓の　つみきで　できた　いえが　あります。

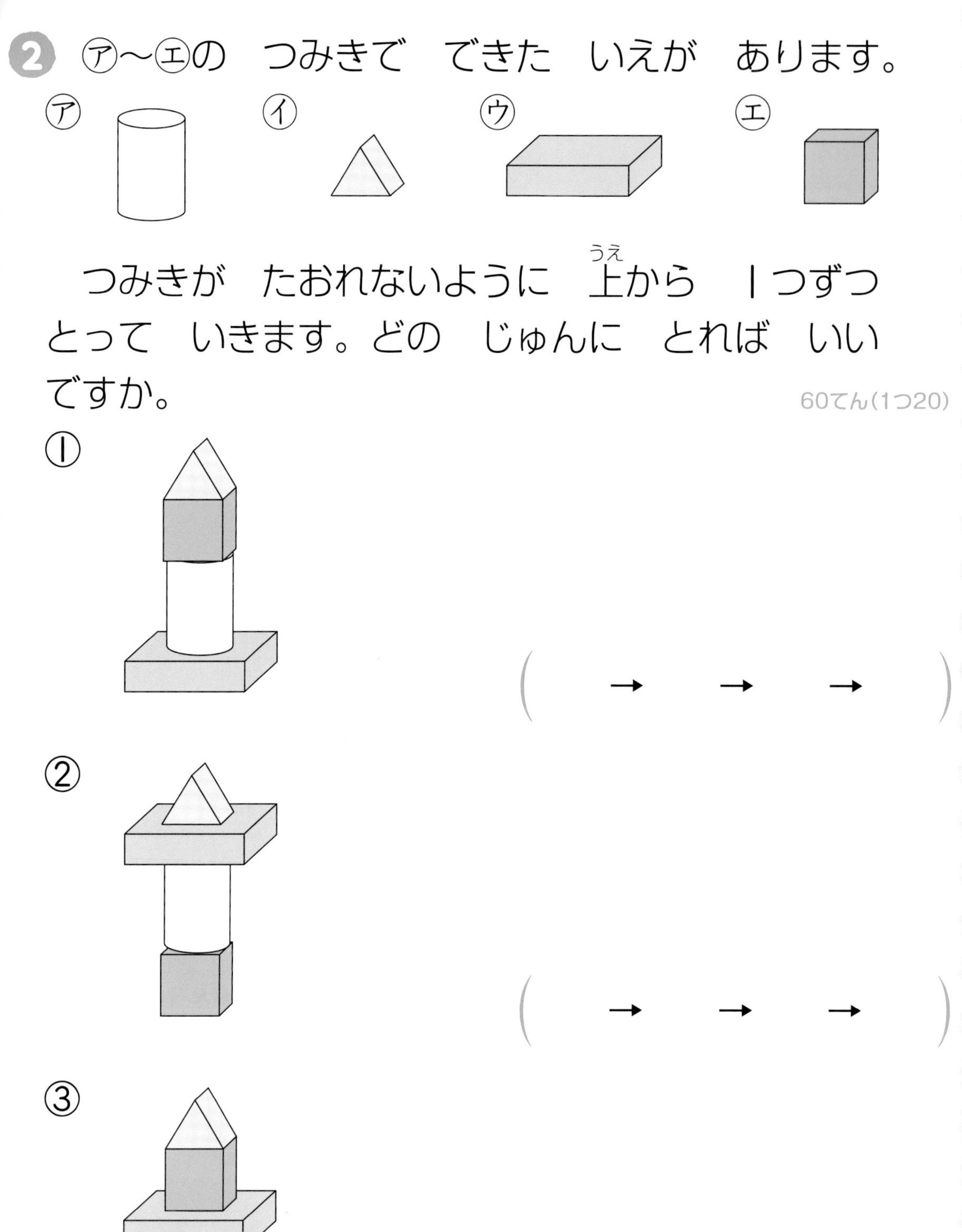

つみきが　たおれないように　上から　１つずつ　とって　いきます。どの　じゅんに　とれば　いい　ですか。

60てん(1つ20)

①　（　　→　　→　　→　　）

②　（　　→　　→　　→　　）

③　（　　→　　→　　→　　）

つみきは　上から　じゅんばんに　とって　いくよ。どれが　上に　ある　かを　よく　見て　こたえよう。

2 じゅんじょ②

❶ ㋐～㋓の　つみきで　いえを　つくります。

㋐　㋑　㋒　㋓

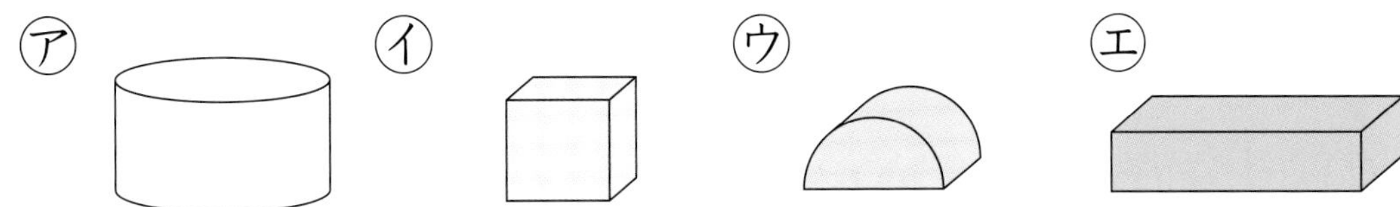

つみきを　下(した)から　１つずつ　つんで　いきます。
どの　じゅんに　つめば　いいですか。　46てん(①10、②、③18)

①

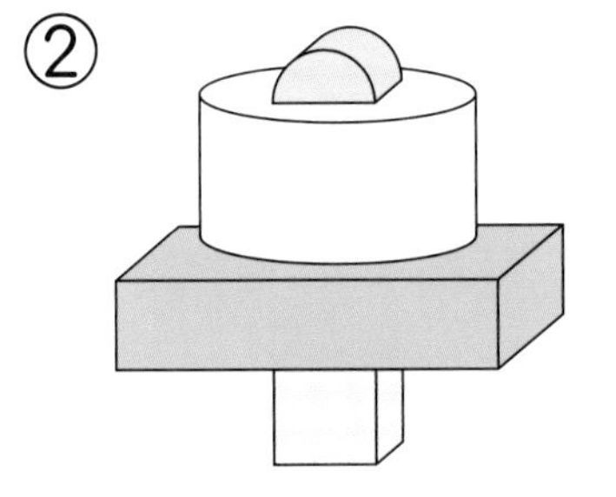

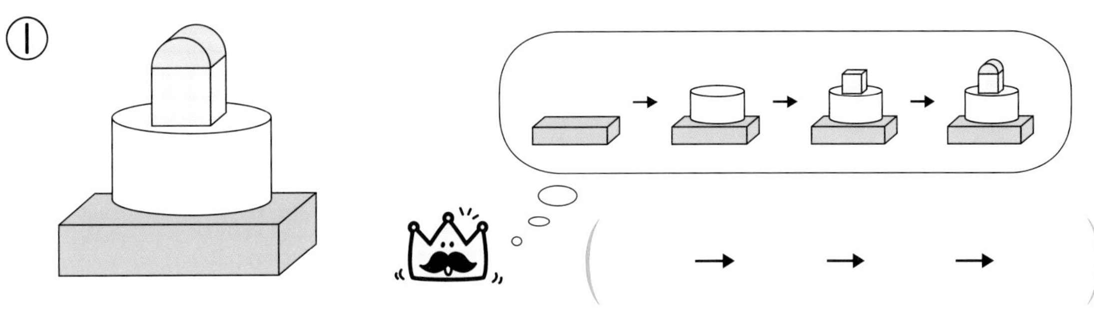

(　→　→　→　)

②

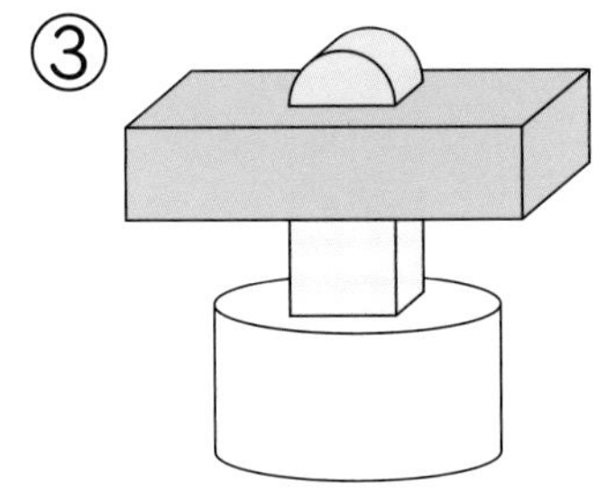

(　→　→　→　)

③

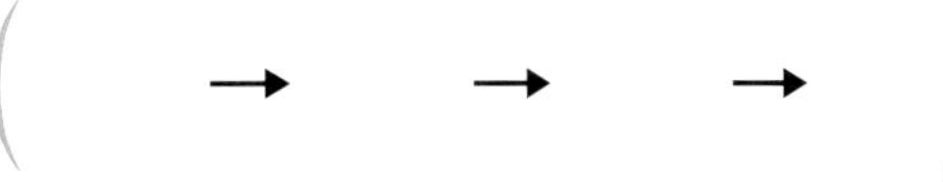

(　→　→　→　)

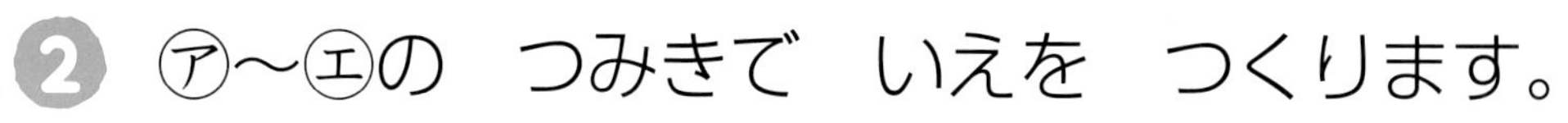

2 ㋐～㋓の　つみきで　いえを　つくります。

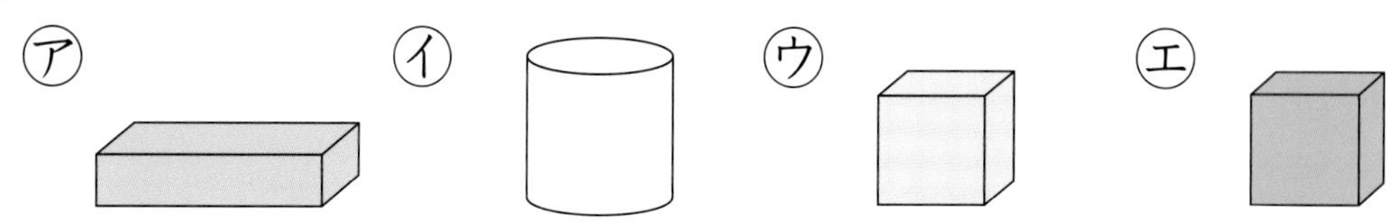

つみきを　下(した)から　１つずつ　つんで　いきます。
どの　じゅんに　つめば　いいですか。　54てん(1つ18)

①

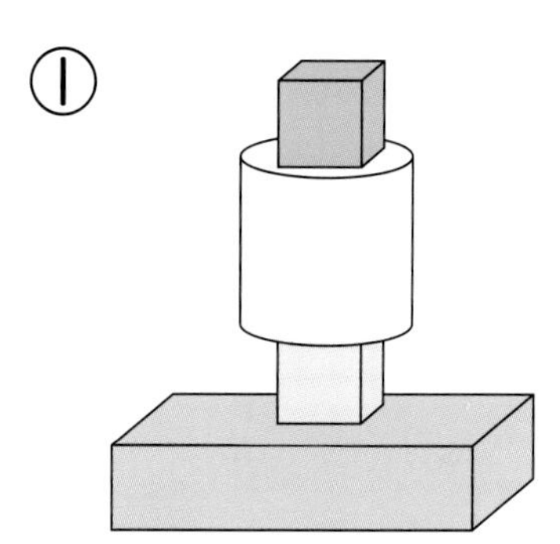

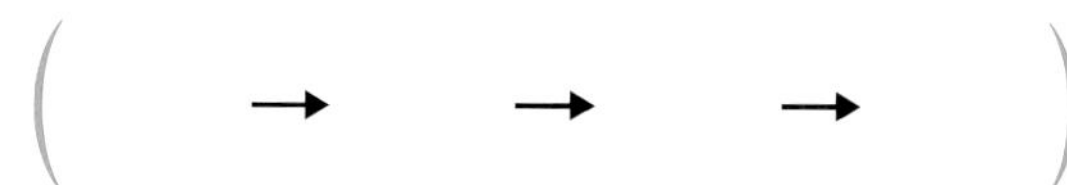

（　　→　　→　　→　　）

②

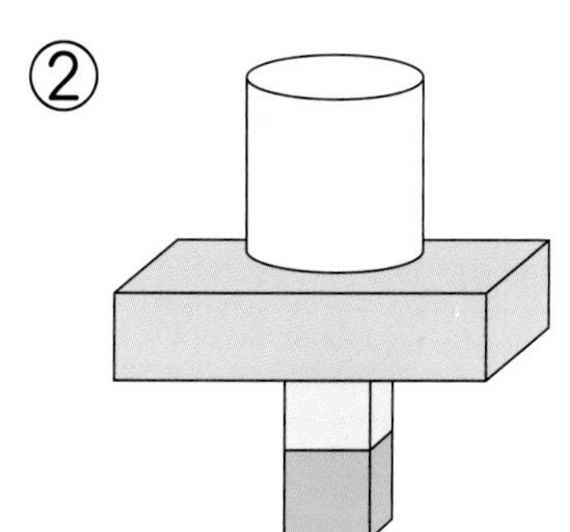

（　　→　　→　　→　　）

③

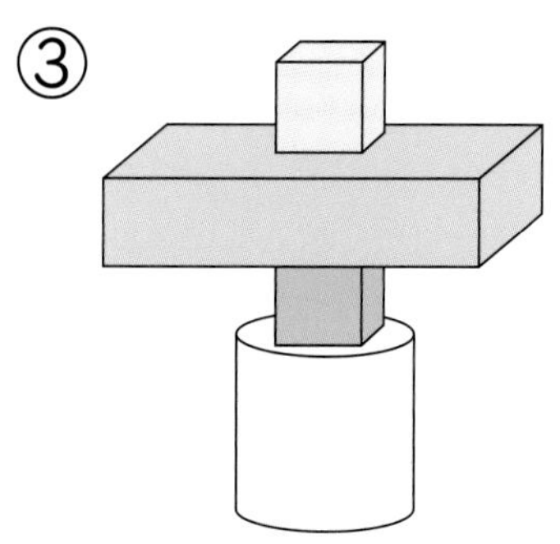

（　　→　　→　　→　　）

つみきは　下から　じゅんばんに　つんで　いくよ。どれが　下に　あるかを　よく　見(み)て　こたえよう。

3 じゅんじょ ③

月　日　じ　ふん〜　じ　ふん

なまえ

てん

あおいさんは　㋐〜㋒の　シールを　はって
ライオンを　つくりました。

㋐

㋑

㋒

どの　じゅんに　はりましたか。　30てん

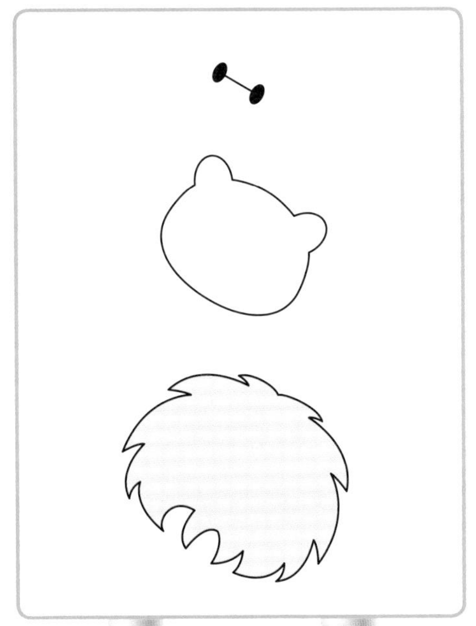

（　　　→　　　→　　　）

2 ゆうまさんは ㋐〜㋒の シールを はって 車(くるま)の えを つくりました。

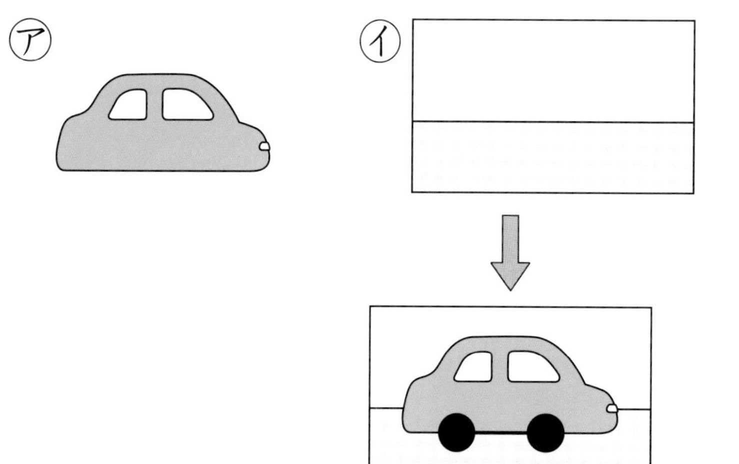

どの じゅんに はりましたか。

30てん

（　　→　　→　　）

3 みさきさんは ㋐〜㋓の シールを はって いちごの ケーキを つくりました。

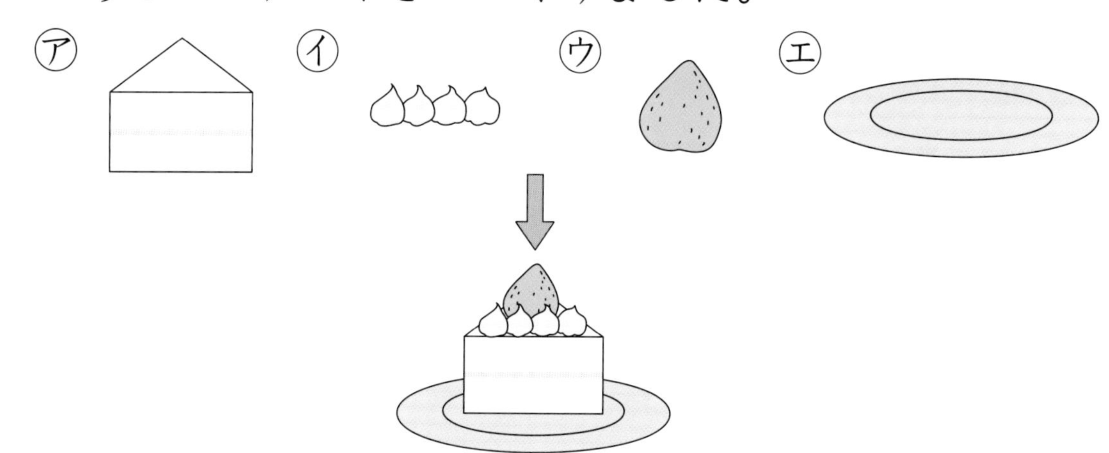

どの じゅんに はりましたか。

40てん

（　　→　　→　　→　　）

シールは 下(した)から じゅんばんに はって いくと いいね。シールが かさなる ところを よく 見(み)て かんがえよう。

4 じゅんじょ ④

月　日　じ　ふん～　じ　ふん

なまえ

てん

❶ さんかくの　カードに　えを
かきます。

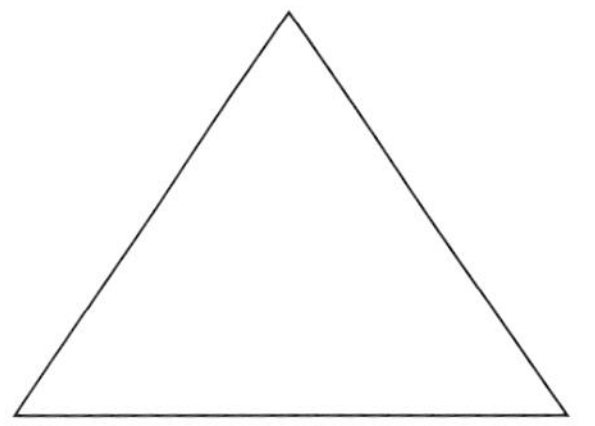

つぎの　1、2、3の　じゅんで　かきます。

1．まん中(なか)に　まるを　かく。
2．まるの　中に　しかくを　かく。
3．しかくの　中に　さんかくを　かく。

どんな　カードが　できますか。　30てん

㋐

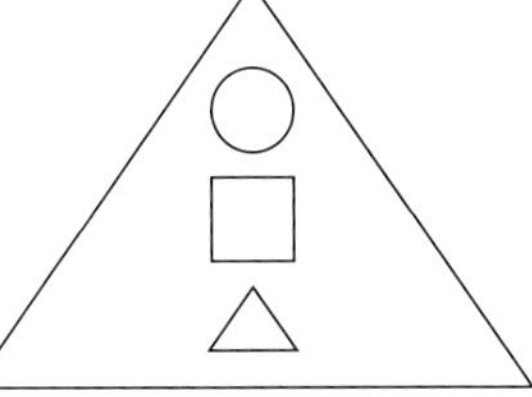

㋑

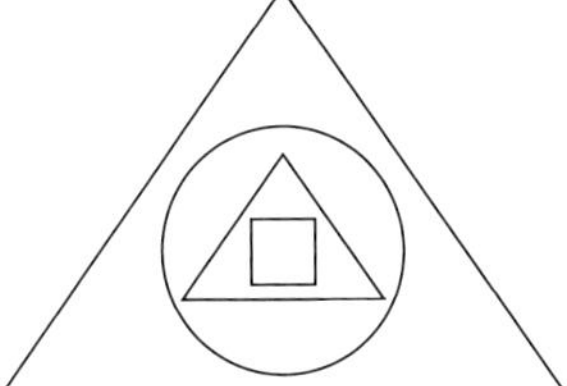

㋒

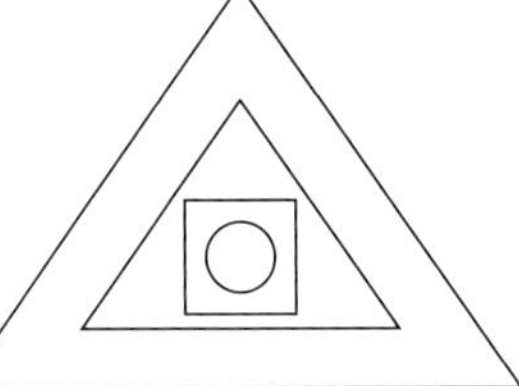

㋓

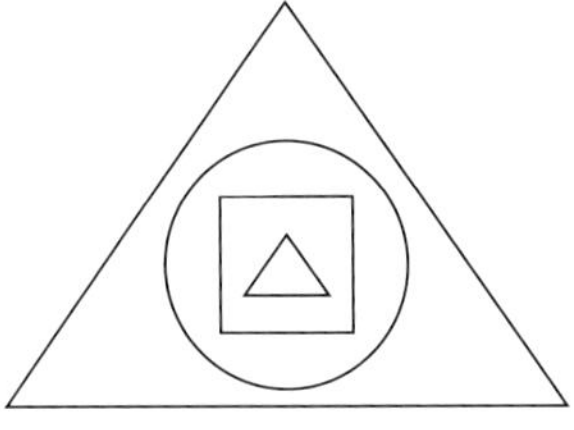

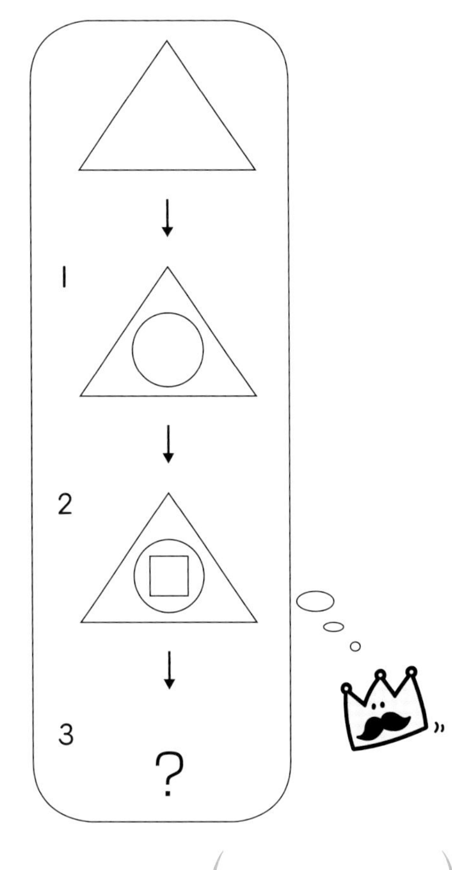

（　　　）

2 しかくの　カードに　えを　かきます。

つぎの　1、2、3の　じゅんで　かきます。

1．右下(みぎした)に　まるを　かく。
2．右上(うえ)に　ほしを　かく。
3．左下(ひだり)に　さんかくを　かく。

どんな　カードが　できますか。 30てん

㋐　㋑　㋒　㋓

(　　　)

3 ながしかくの　カードに　えを　かきます。

つぎの　1、2、3の　じゅんで　かきます。

1．右に　ほしを　かく。
2．左に　さんかくを　かく。
3．まん中(なか)に　まるを　かく。

カードに　えを　かきましょう。 40てん

☆、△、○を　かこう。

上下左右(じょうげさゆう)の　いみが　わかって　いるかな。1、2、3の　じゅんに　あたまの　中で　カードを　つくって　みよう。

5 じゅんじょ ⑤

月　日　じ　ふん～　じ　ふん

なまえ

てん

❶ つぎのように　めいれいの　ずの
じゅんで　カードに　えを　かきます。

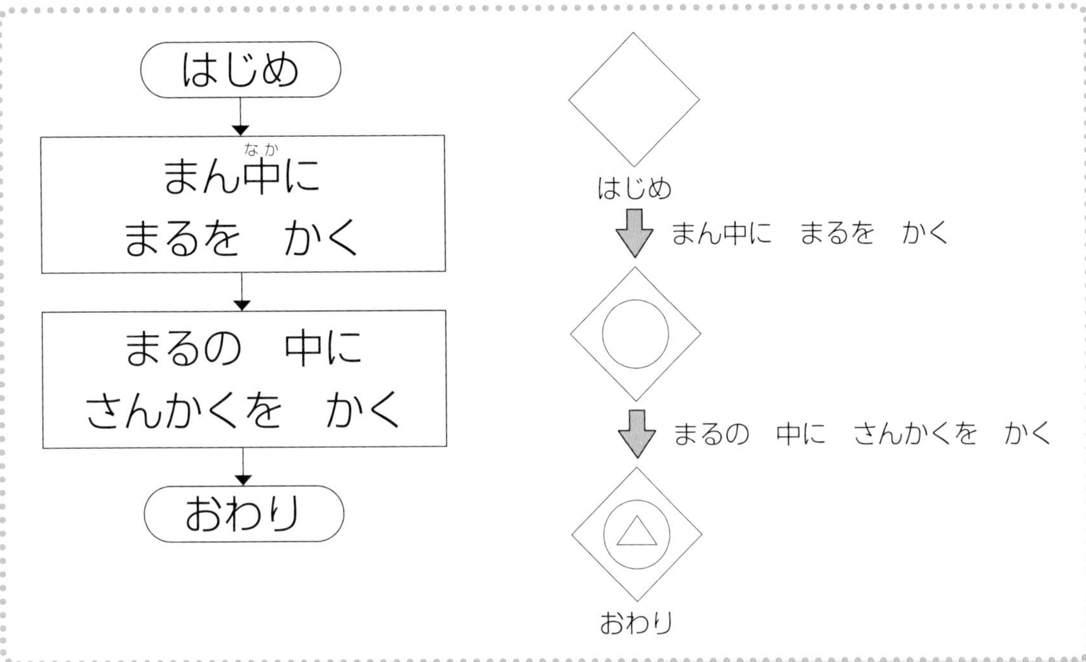

つぎの　めいれいの　ずの　じゅんで　えを　かいた
とき、どんな　カードが　できますか。 40てん

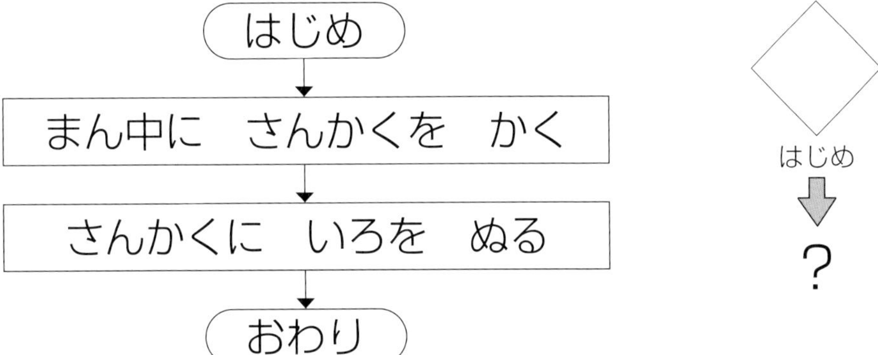

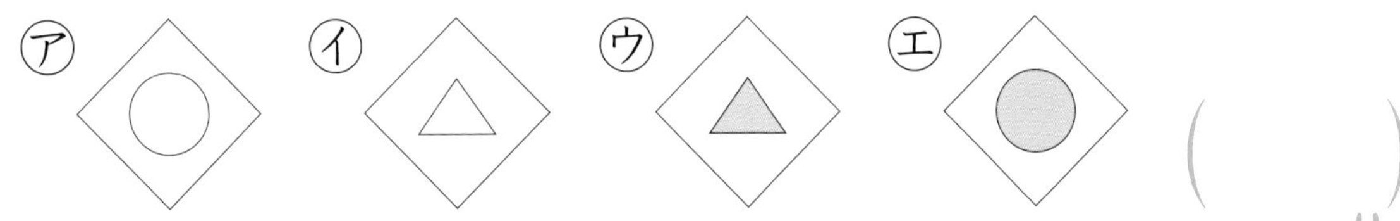

(　　　)

2 つぎの　めいれいの　ずの　じゅんで　えを　かいた　とき、どんな　カードが　できますか。　60てん(1つ30)

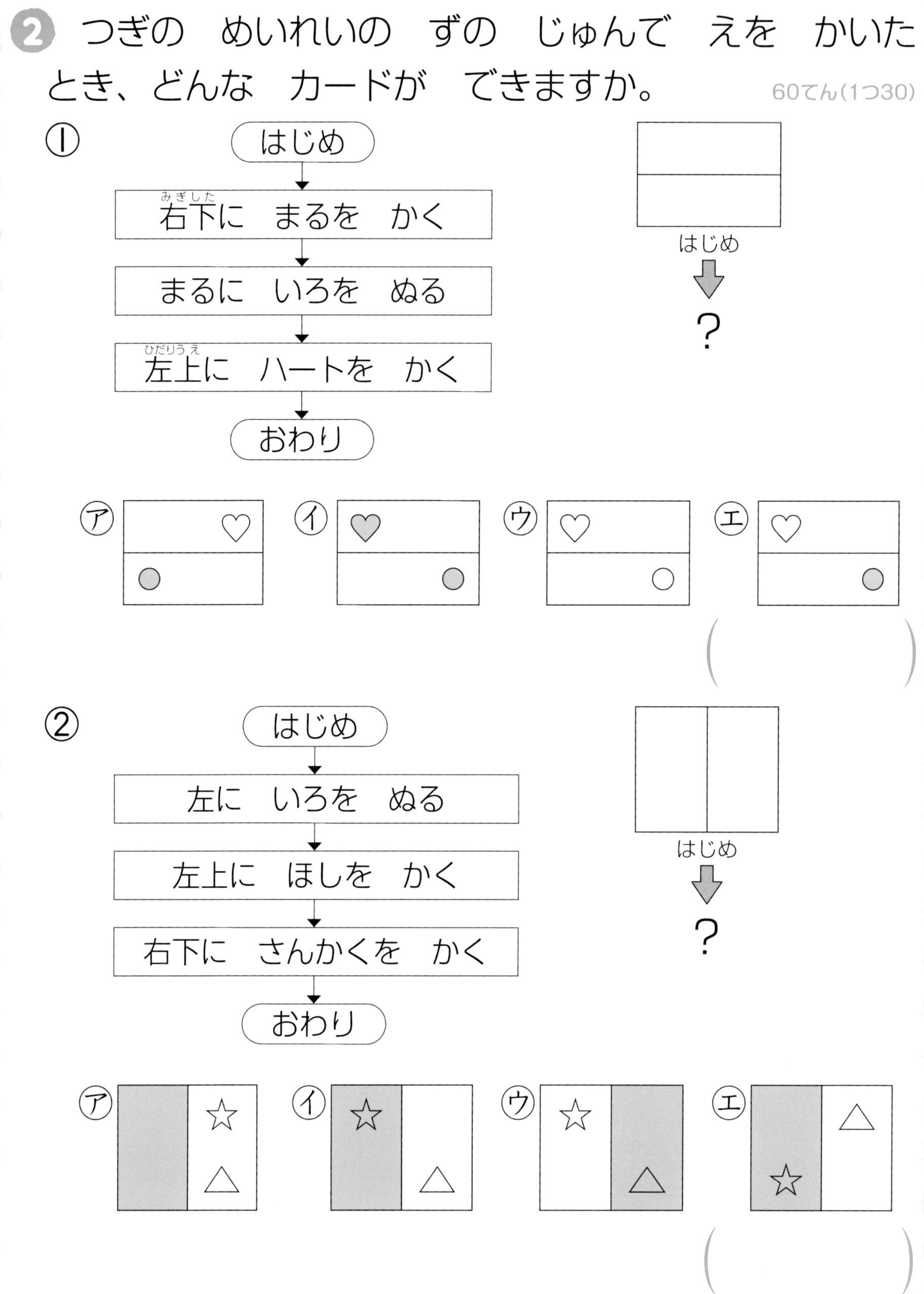

どの　かたちを　どの　ばしょに　かくのかな。つくる　じゅんを　よく　よんで　こたえよう。

6 じゅんじょ ⑥

月　日　じ　ふん～　じ　ふん
なまえ
てん

❶ 車(くるま)の　ロボットを　うごかして、せんを　かきます。ロボットは　めいれいした　じゅんに　うごきます。

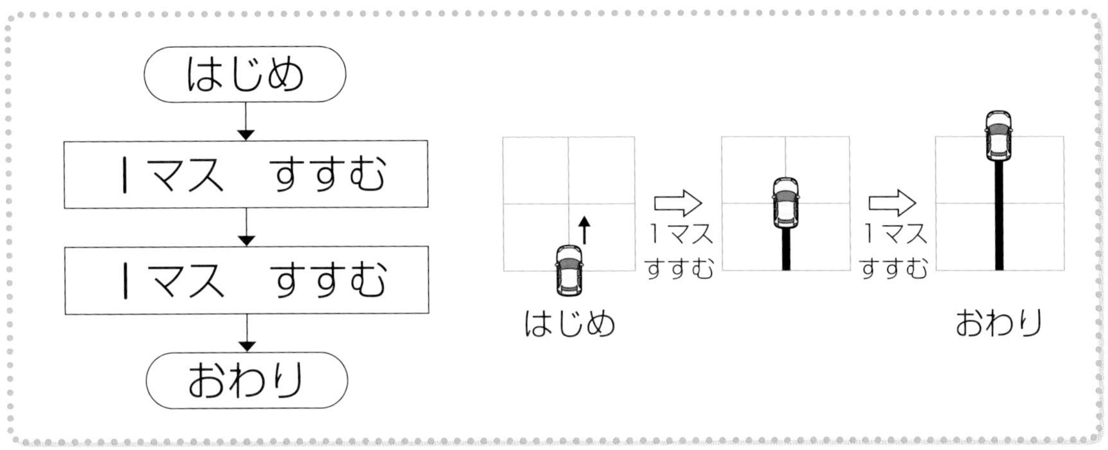

つぎのように　めいれいした　とき、どんな　せんに　なりますか。 50てん

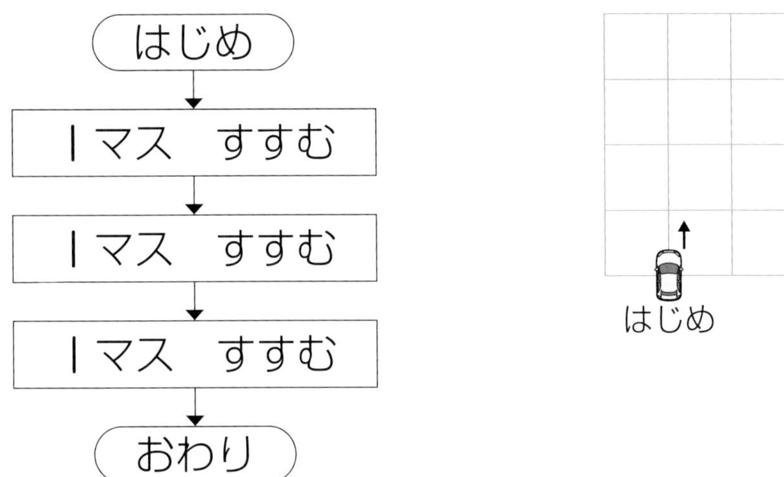

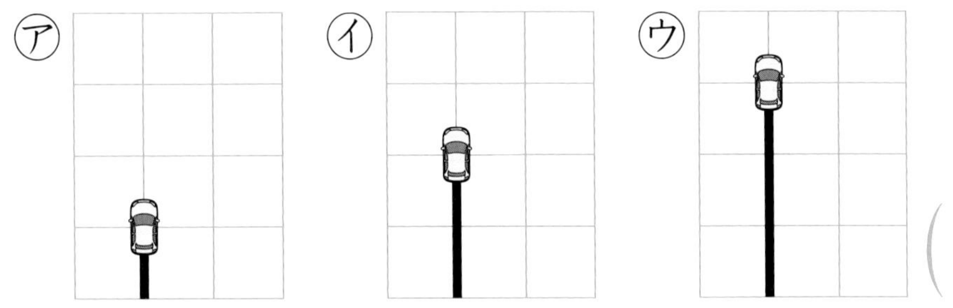

(　　　　)

❷ 車(くるま)の　ロボットを　うごかして、せんを　かきます。
ロボットは　めいれいした　じゅんに　うごきます。

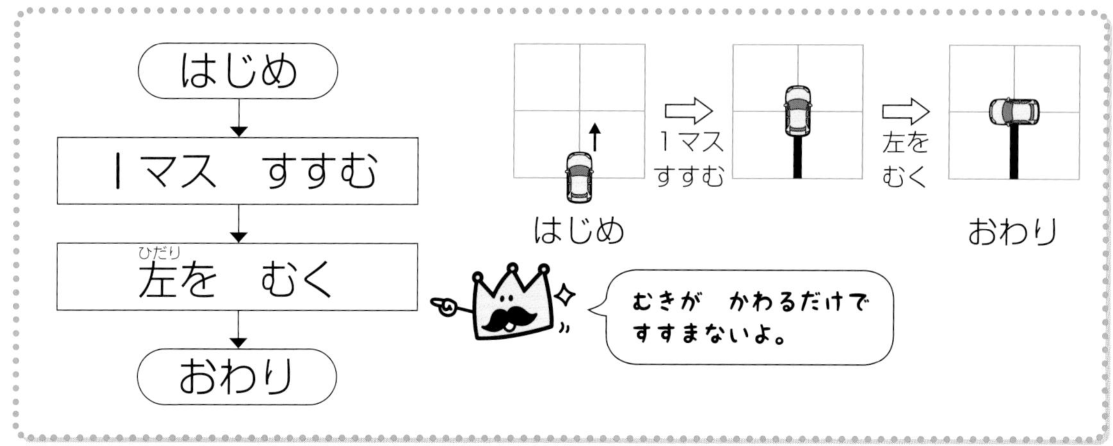

つぎのように　めいれいした　とき、どんな　せんに
なりますか。

50てん

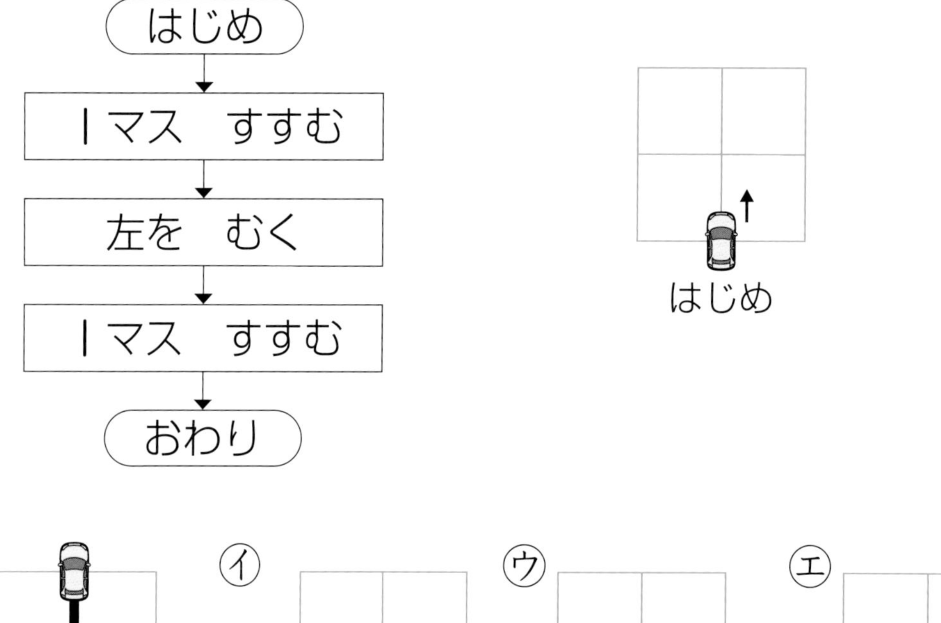

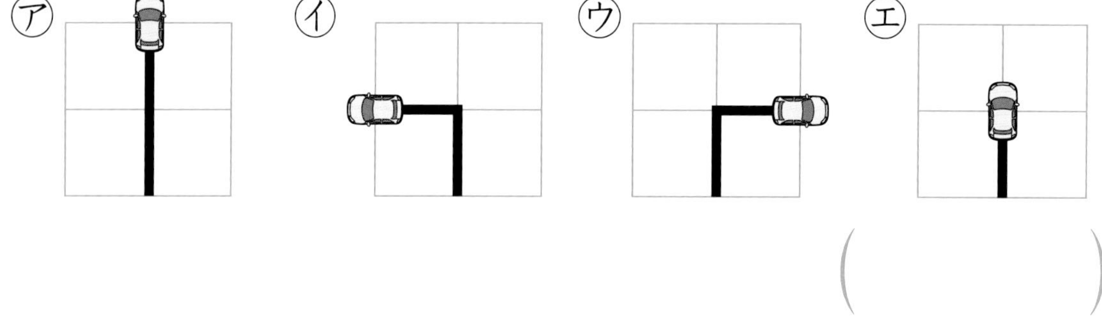

（　　　）

車の　ロボットが　1マス　すすむと　どこまで　うごくかを　かんがえよう。めいれいは　1つずつ　じゅんばんに　見(み)て　いこう。

じゅんじょ ⑦

月　日　じ　ふん〜　じ　ふん

なまえ

てん

1 車(くるま)の　ロボットに　つぎのように　めいれいした　とき、どんな　せんに　なりますか。　50てん(1つ25)

① はじめ → 左(ひだり)を　むく → Ⅰマス　すすむ → Ⅰマス　すすむ → おわり

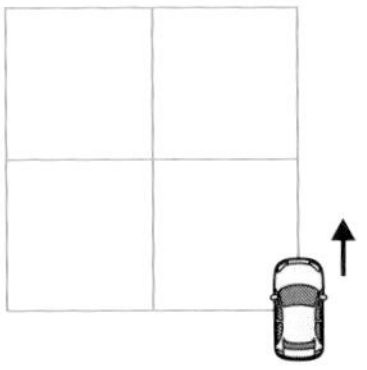

はじめ

㋐　㋑ 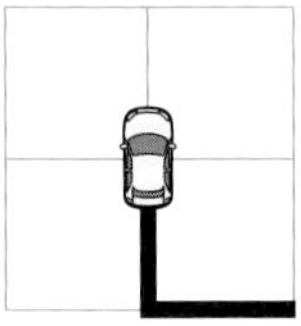　㋒ 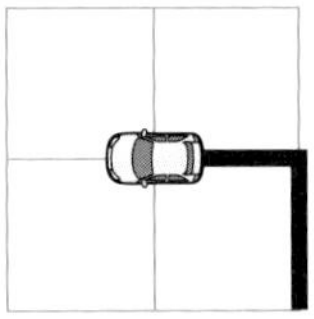　㋓

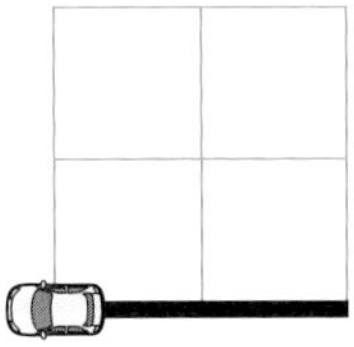

(　　　)

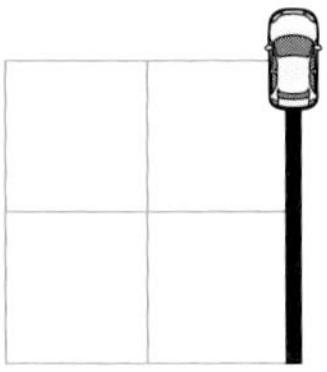

② はじめ → 右(みぎ)を　むく → Ⅰマス　すすむ → 右を　むく → おわり

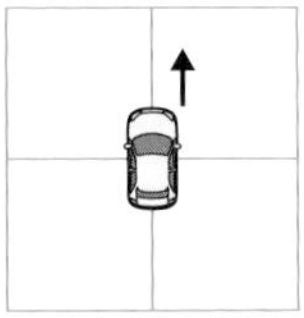

はじめ

㋐　㋑ 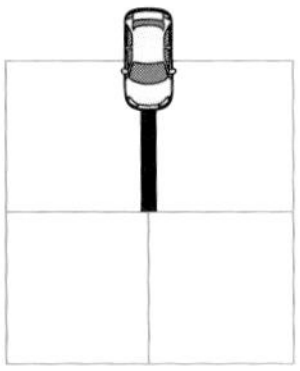　㋒ 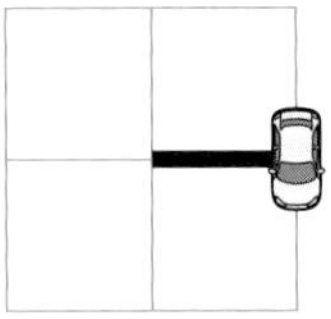　㋓

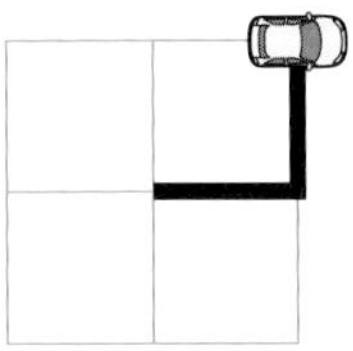

(　　　)

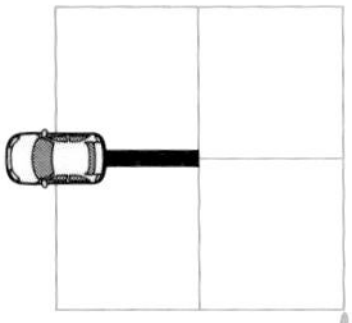

2 車(くるま)の　ロボットが　うごいて、せんを　かきました。
つぎの　[　？　]に　入(はい)る　めいれいは　どれですか。

50てん(1つ25)

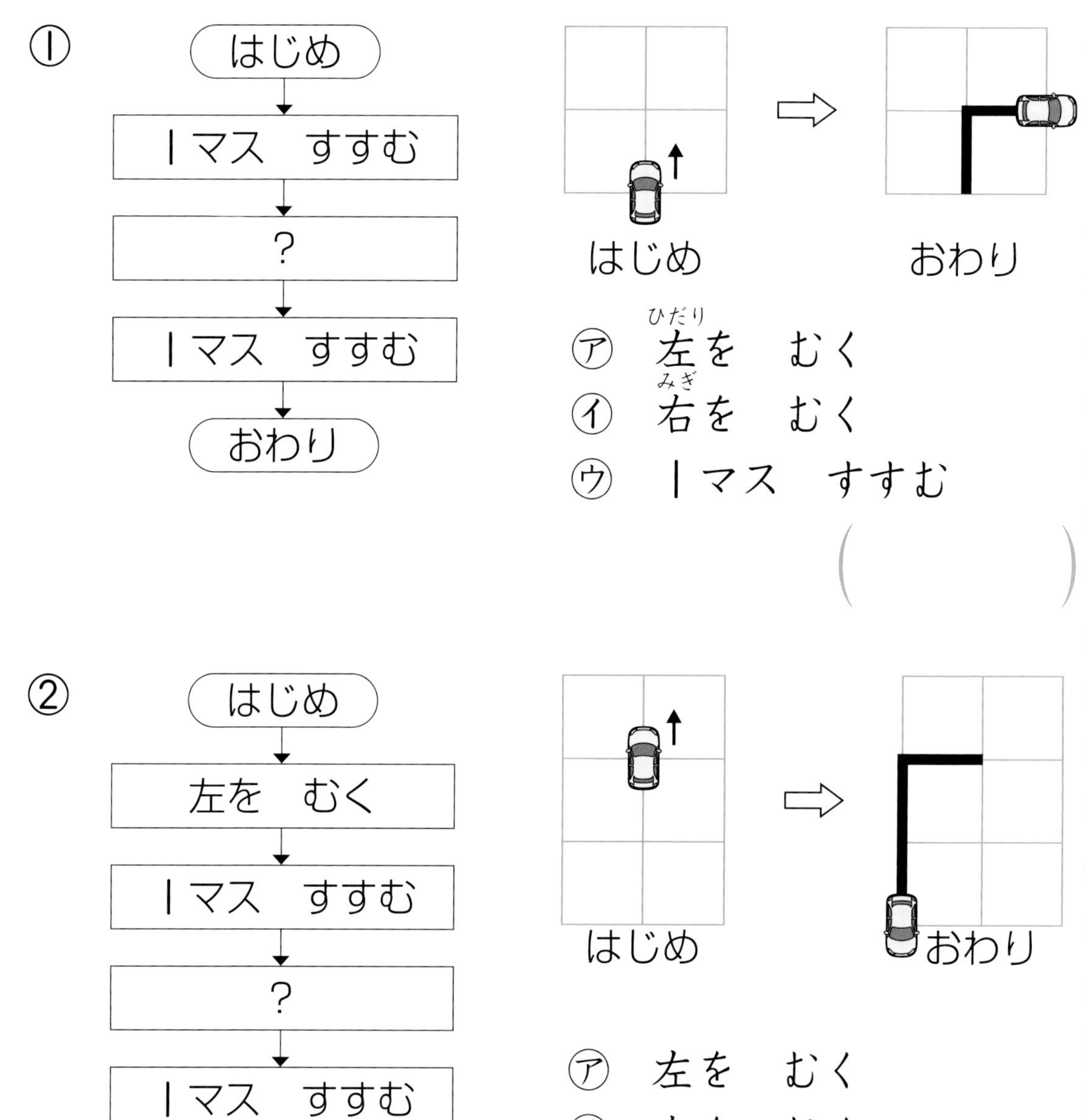

めいれいが　ながく　なっても　よく　よんで　じゅんばんに
うごかして　いけば　いいね。

くりかえし ①

月　日　じ　ふん～　じ　ふん

なまえ　てん

1 ゆうまさんは　いろぬりを　します。

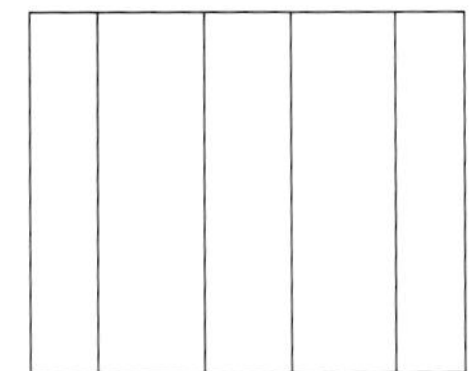

つぎのように　いろを　ぬって　いきます。

・左(ひだり)から　みどりいろ、くろいろの　じゅんに　ぬる。
・ぬる　ところが　なくなるまで　くりかえす。

いろを　ぬると　つぎのように　なります。

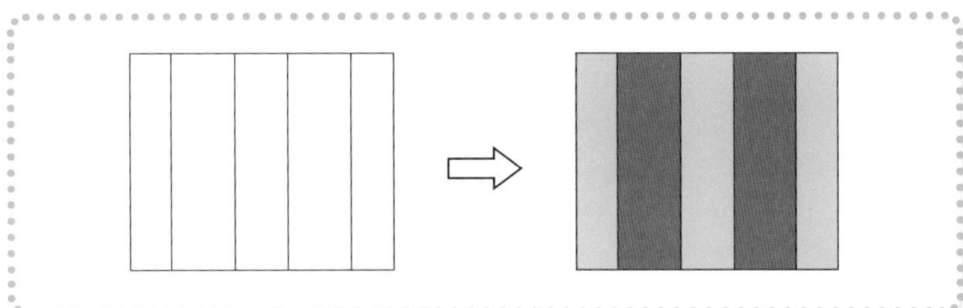

ゆうまさんと　おなじように　いろぬりを　しましょう。

50てん(1つ25)

①

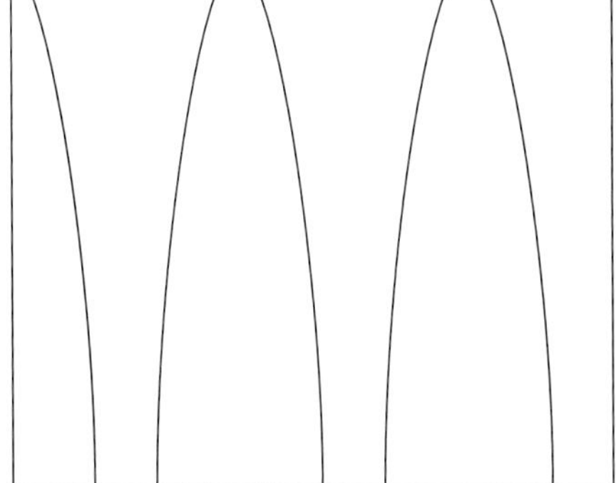

②

2 つぎのように　いろを　ぬって　いきます。

・左(ひだり)から　みどりいろ、くろいろの　じゅんに
　ぬる。
・ぬる　ところが　なくなるまで　くりかえす。

いろを　ぬりましょう。　50てん(1つ25)

①

②

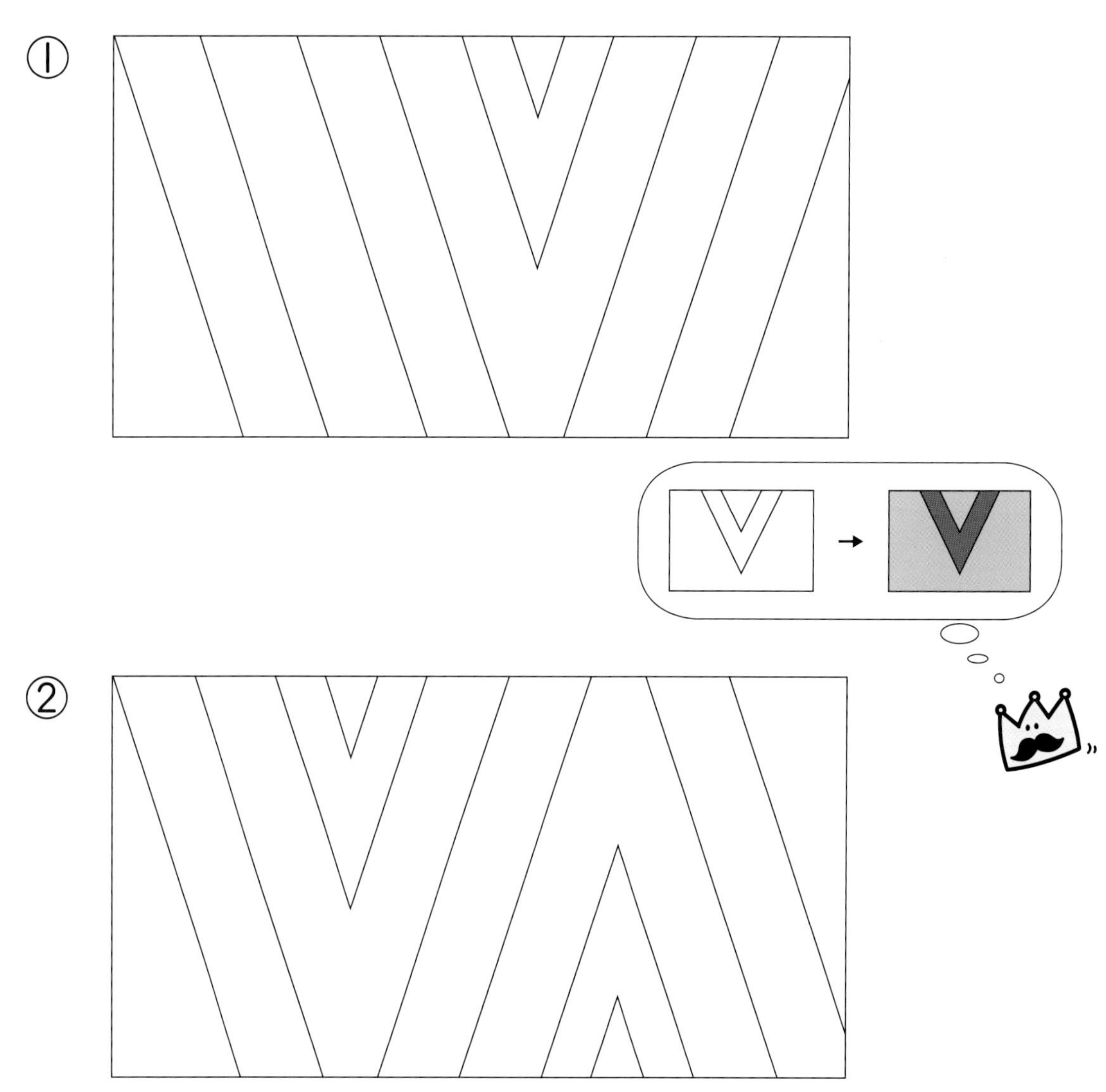

左から　みどり、くろの　じゅんに　ぬって　いくよ。じゅんばんを
まちがえないように　気(き)を　つけよう。

くりかえし②

月　日　じ　ふん～　じ　ふん

なまえ

てん

1 メモに　かかれた　じゅんばんで　左(ひだり)から　タイルに　いろを　ぬります。

60てん（1つ30）

①

1まい　みどりいろで　ぬる
1まい　くろいろで　ぬる

3かい　くりかえすと　つぎのように　なります。

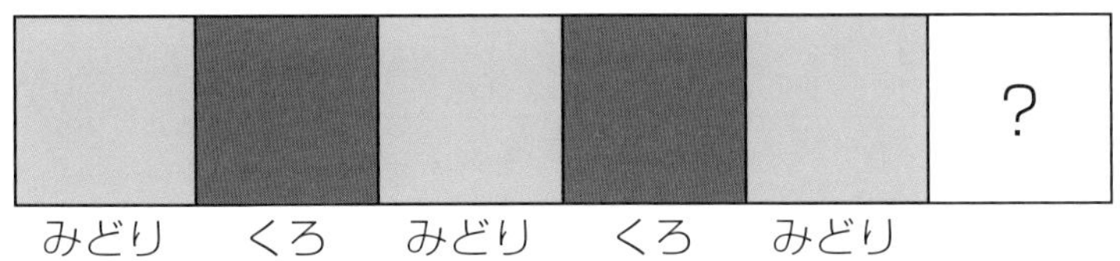

?には　どちらの　いろを　ぬれば　いいですか。

㋐　みどり　㋑　くろ　（　　　）

②

2まい　みどりいろで　ぬる
2まい　くろいろで　ぬる

2かい　くりかえすと　つぎのように　なります。

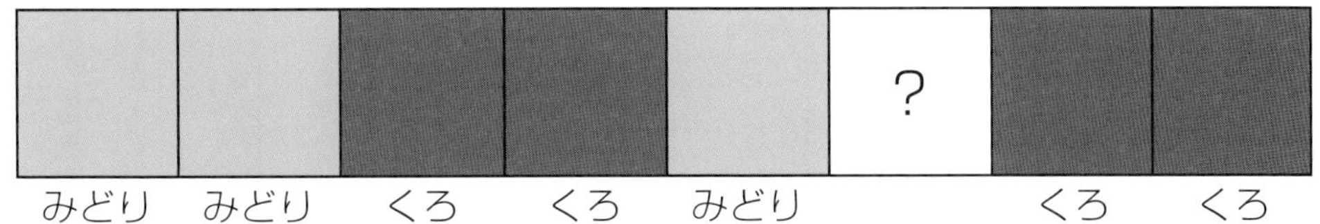

?には　どちらの　いろを　ぬれば　いいですか。

㋐　みどり　㋑　くろ　（　　　）

2 メモに　かかれた　じゅんばんで　左(ひだり)から　タイルに　いろを　ぬります。

40てん(1つ20)

①

1まい　みどりいろで　ぬる
2まい　くろいろで　ぬる

2かい　くりかえすと　どんな　じゅんばんに　なりますか。

つぎの　タイルに　いろを　ぬりましょう。

②

1まい　くろいろで　ぬる
2まい　みどりいろで　ぬる
1まい　くろいろで　ぬる

2かい　くりかえすと　どんな　じゅんばんに　なりますか。

つぎの　タイルに　いろを　ぬりましょう。

いろを　ぬる　じゅんばんを　まちがえないように　しよう。ぬる　まいすうにも　気(き)を　つけよう。

10 くりかえし③

1 メモに　かかれた　じゅんばんで　左(ひだり)から　花(はな)を　ならべます。

40てん(1つ20)

① 

3かい　くりかえすと　つぎの　ように　なります。

?には　どちらの　花を　ならべると　いいですか。

㋐ 　㋑ 

(　　　)

② 2かい　くりかえすと　どんな　じゅんばんに　なりますか。

㋐ 

㋑ 

㋒ 

(　　　)

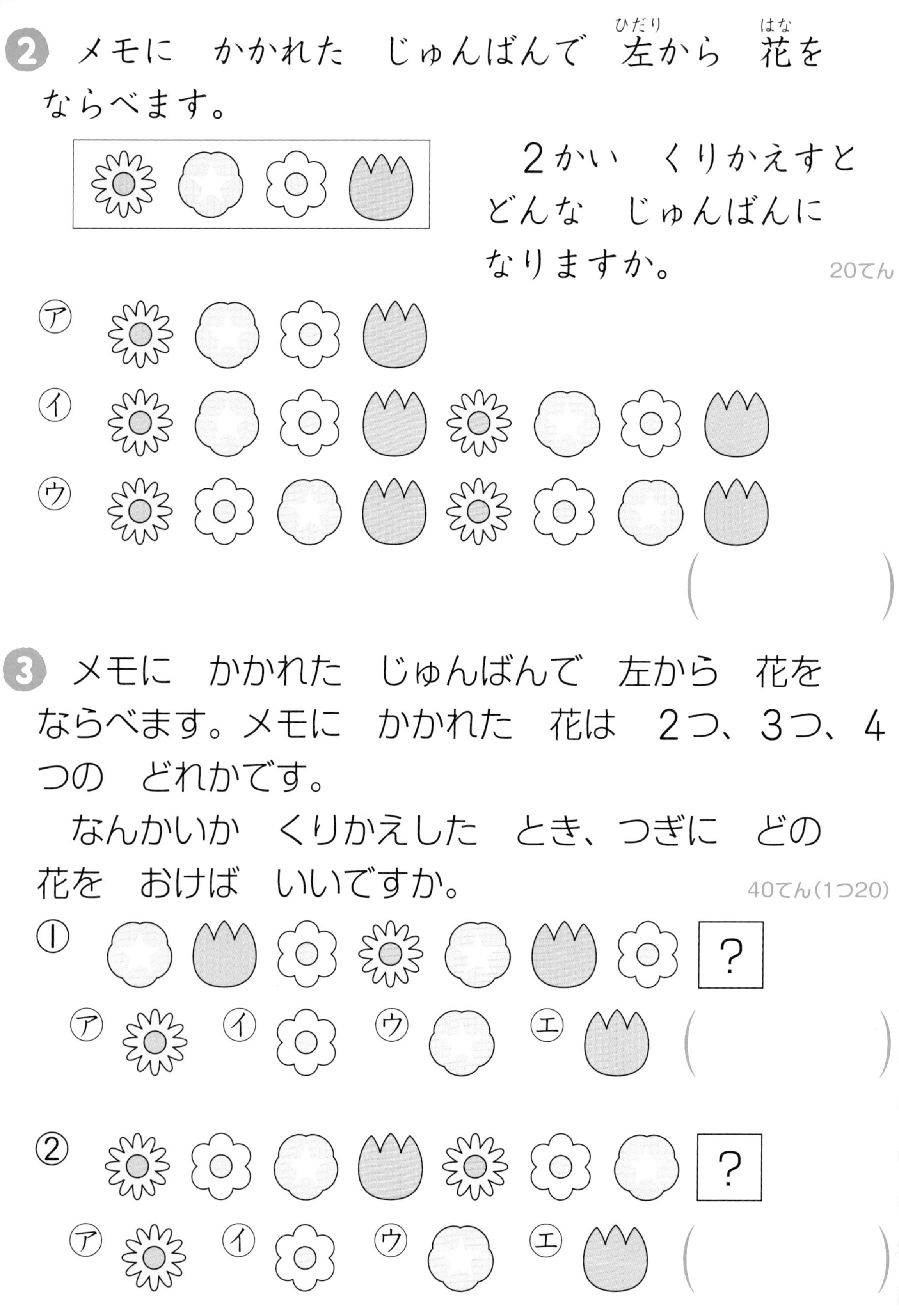

2 メモに　かかれた　じゅんばんで　左から　花を　ならべます。

2かい　くりかえすと　どんな　じゅんばんに　なりますか。　20てん

㋐

㋑

㋒

（　　　　）

3 メモに　かかれた　じゅんばんで　左から　花を　ならべます。メモに　かかれた　花は　2つ、3つ、4つの　どれかです。

なんかいか　くりかえした　とき、つぎに　どの　花を　おけば　いいですか。　40てん(1つ20)

① ？

㋐　㋑　㋒　㋓　（　　　　）

② ？

㋐　㋑　㋒　㋓　（　　　　）

はじめに　どの　じゅんで　花を　ならべて　いくのかを　かんがえよう。
また、くりかえしが　なんかい　あるかに　気を　つけよう。

11 くりかえし④

1 メモに　かかれた　じゅんばんで　左(ひだり)から　くだものを　ならべて　いきます。

50てん(1つ25)

① 

2かい　くりかえすと　どんな　じゅんばんに　なりますか。

㋐ 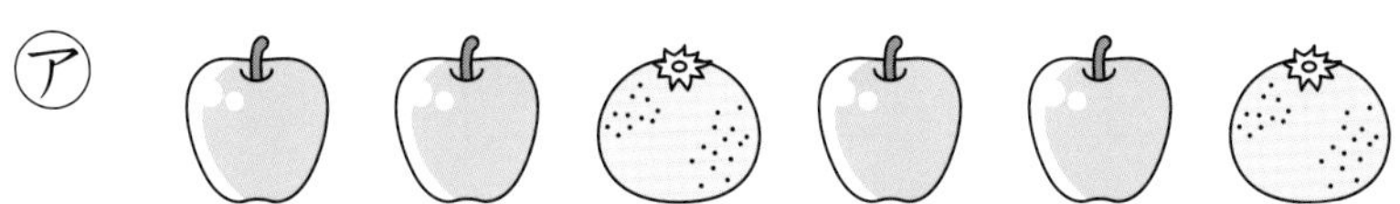

㋑ 

㋒ 

(　　　　)

② 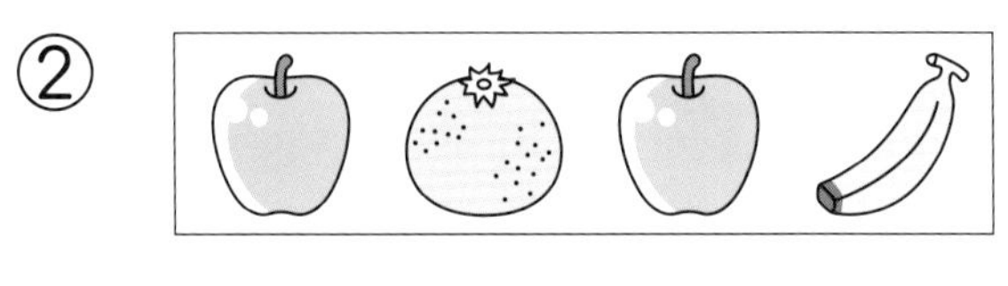

2かい　くりかえすと　どんな　じゅんばんに　なりますか。

㋐ 

㋑ 

㋒ 

㋓ 

(　　　　)

❷ トランプを ある きまった じゅんばんに ならべます。?に 入る トランプは どれですか。50てん(1つ10)

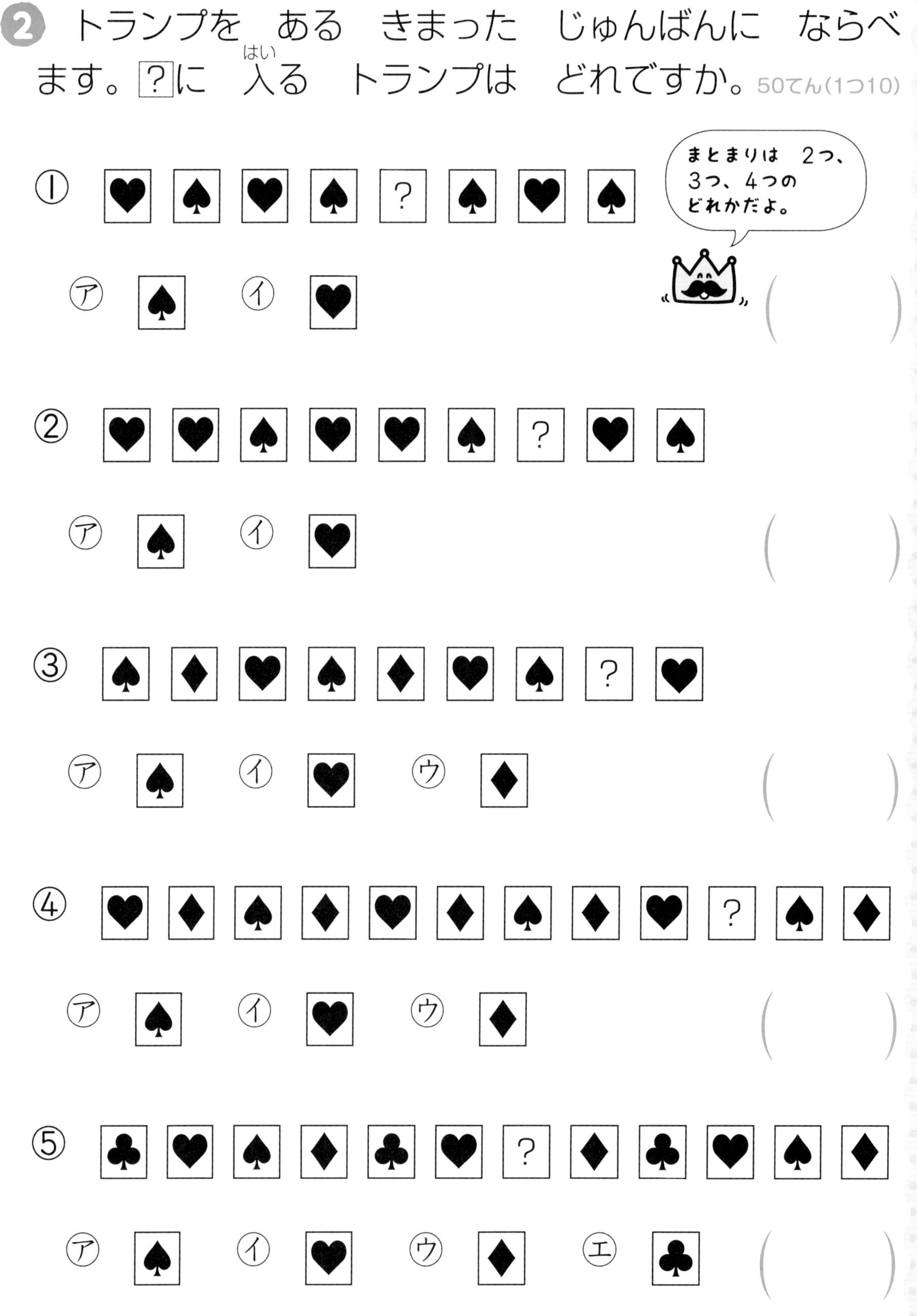

まず くりかえす まとまりを 見つけよう。まとまりごとに しるしを つけると わかりやすいよ。

12 くりかえし⑤

1 ロボットは　めいれいした　じゅんばんに　左（ひだり）から　花（はな）を　ならべます。

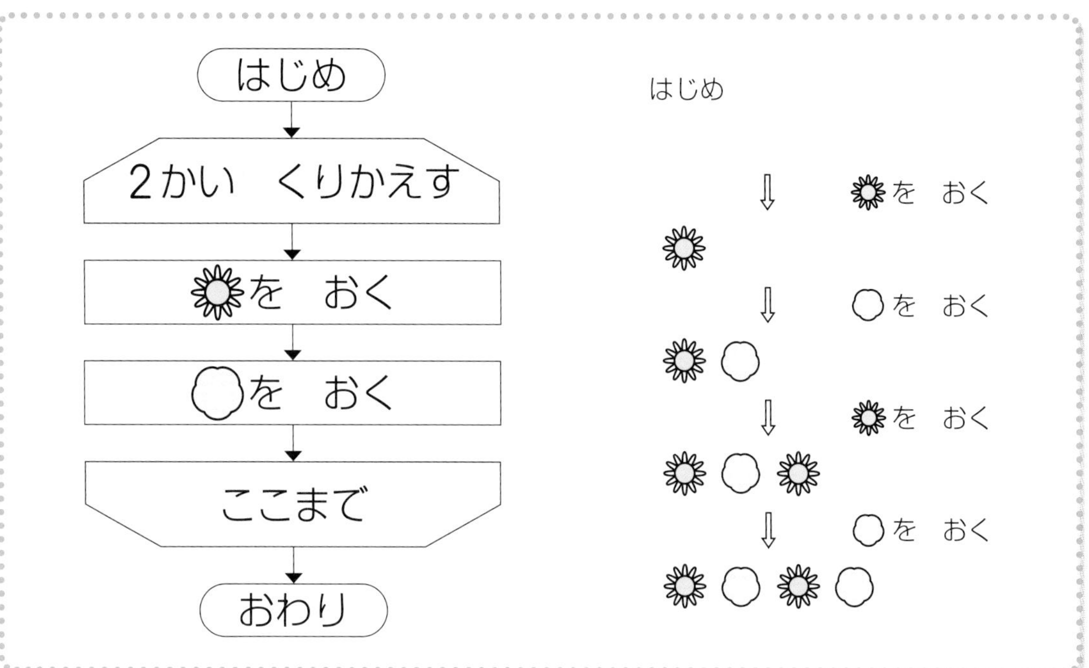

つぎのように　めいれいした　とき、花は　どのように　ならびますか。 40てん

(　　　　)

2 つぎのように　めいれいした　とき、花(はな)は　どのように　ならびますか。

60てん(1つ30)

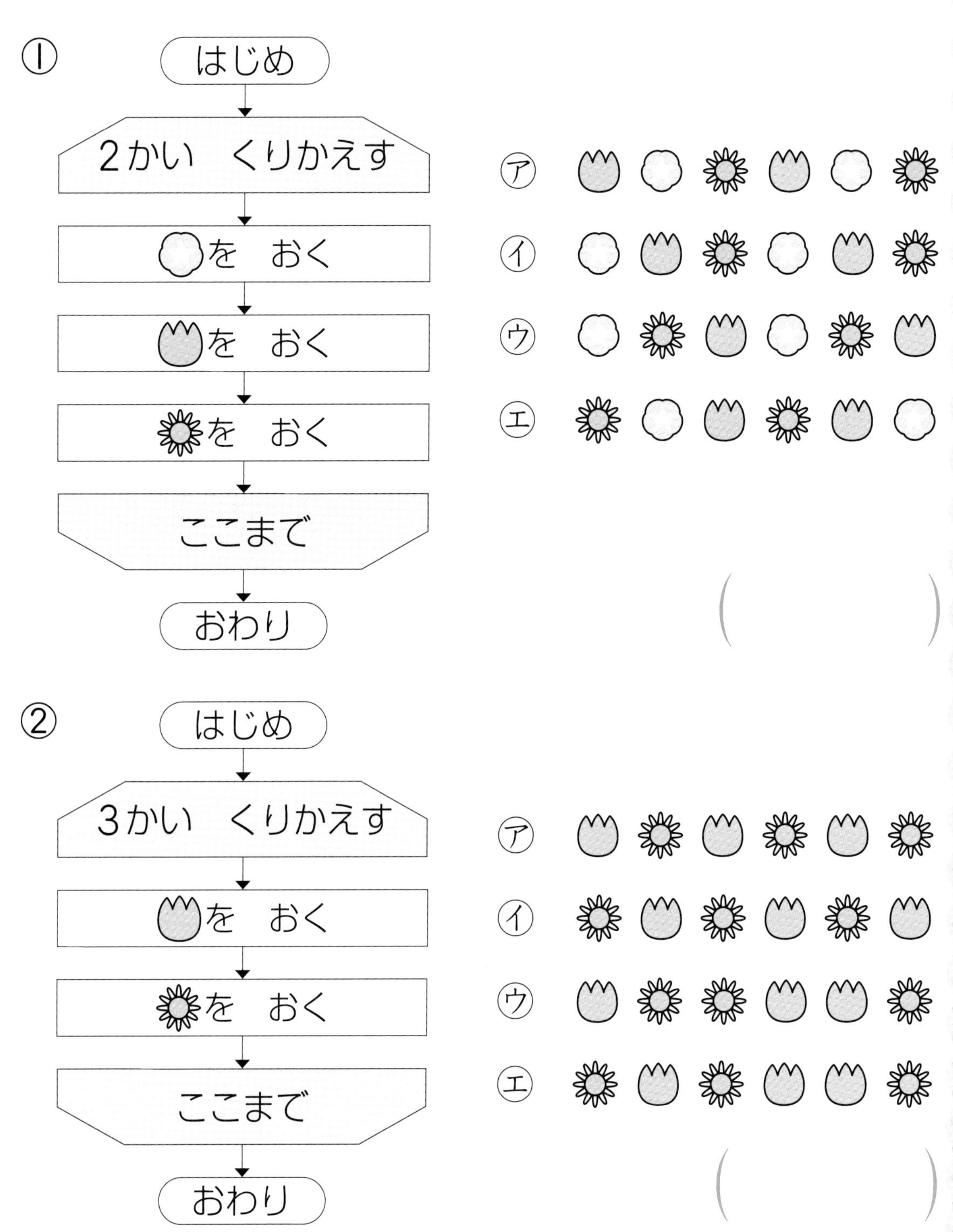

めいれいを　くりかえすのを　わすれないように　しよう。なんかい　くりかえすのかにも　気(き)を　つけよう。

月　日　じ　ふん〜　じ　ふん

なまえ

てん

1 ひこうきの　ロボットは　めいれいした　じゅんばんに　うごきます。

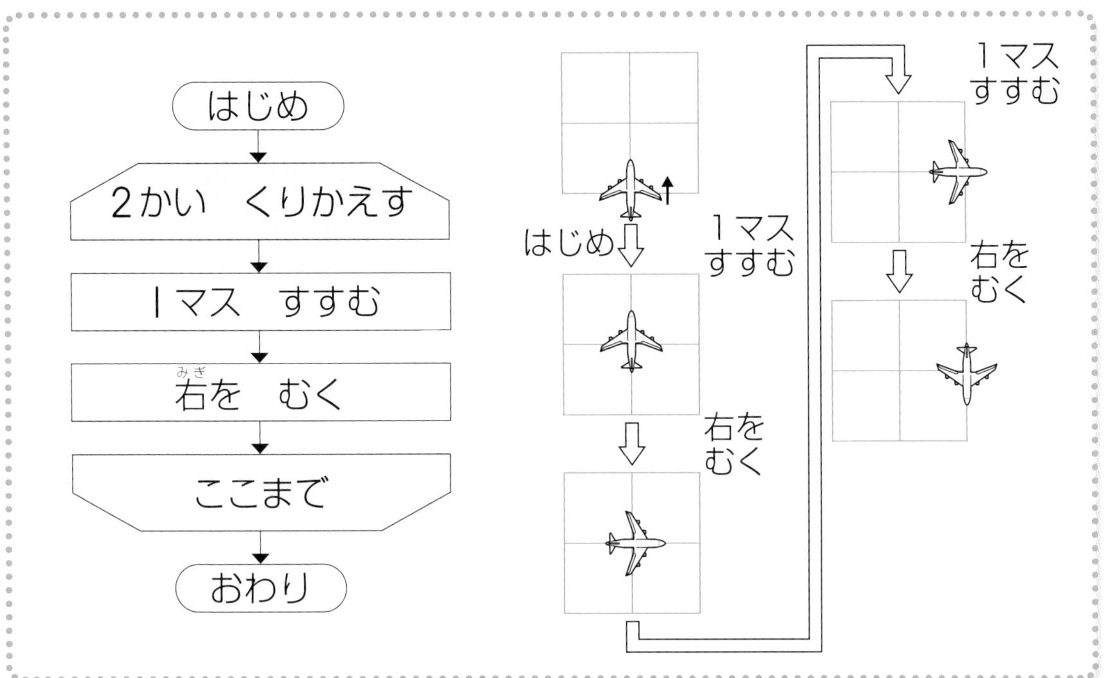

つぎのように　めいれいした　とき、どこに　いきますか。

40てん

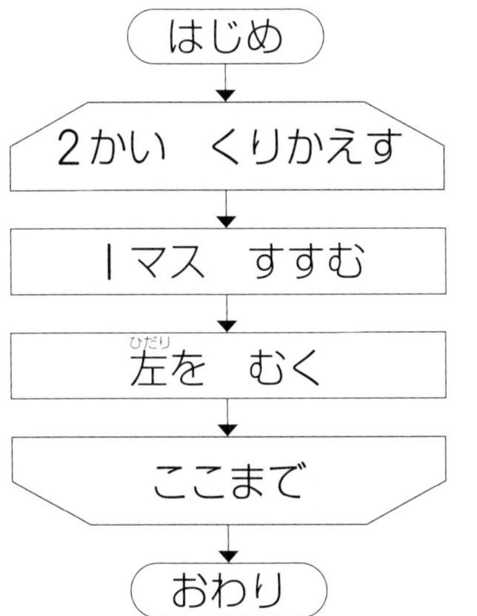

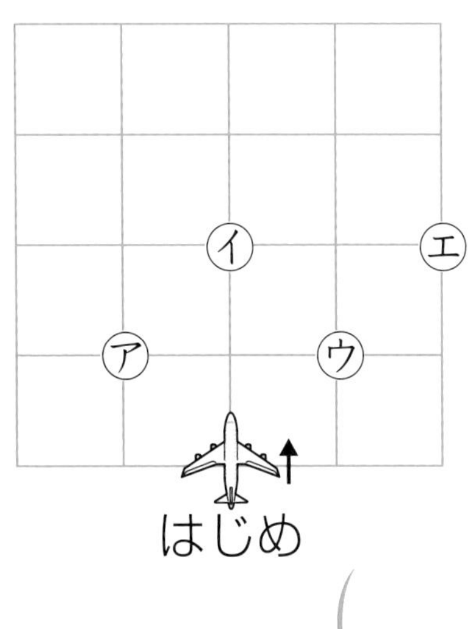

（　　　　）

2 ひこうきの　ロボットに　つぎのように　めいれいした　とき、どこに　いきますか。 60てん(1つ30)

①

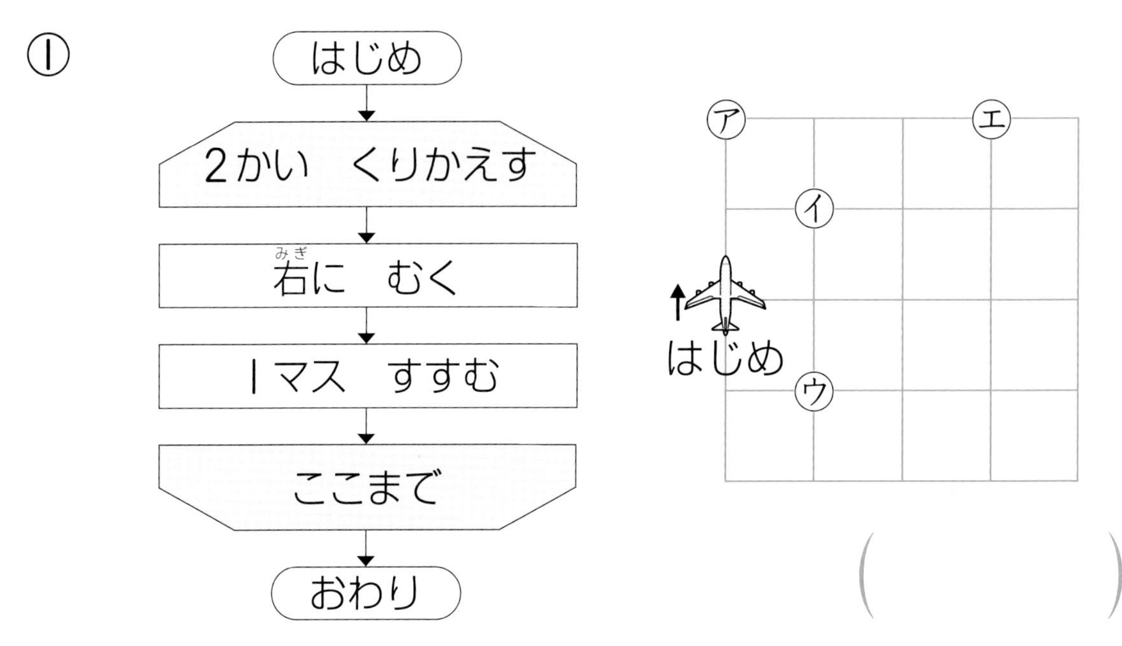

(　　　　)

②

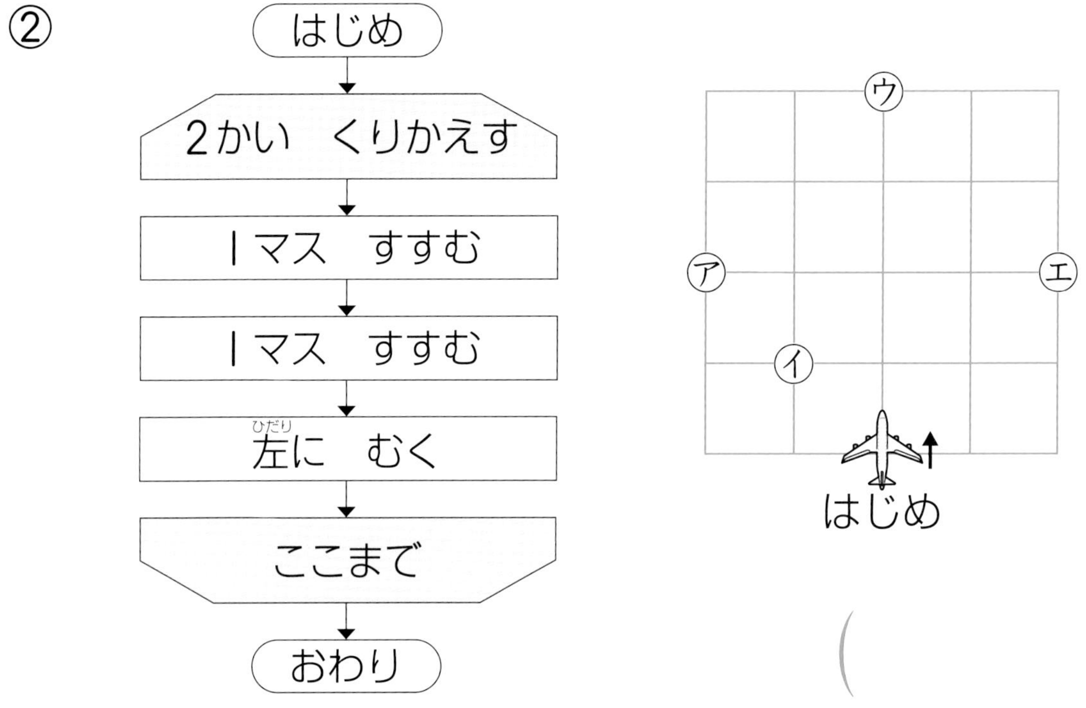

(　　　　)

めいれいの　とおりに　1つずつ　ひこうきを　うごかそう。くりかえしも　わすれずに　できたかな。

14 まとめの テスト

1 ㋐～㋓の つみきで いえを つくります。

㋐ 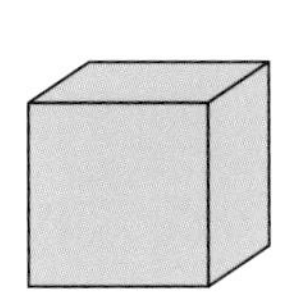
㋑ 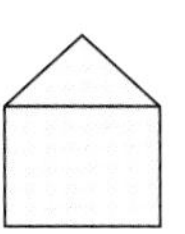
㋒ 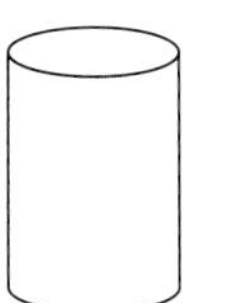
㋓ 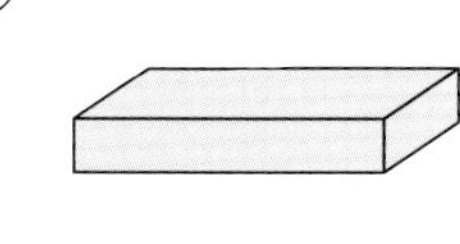

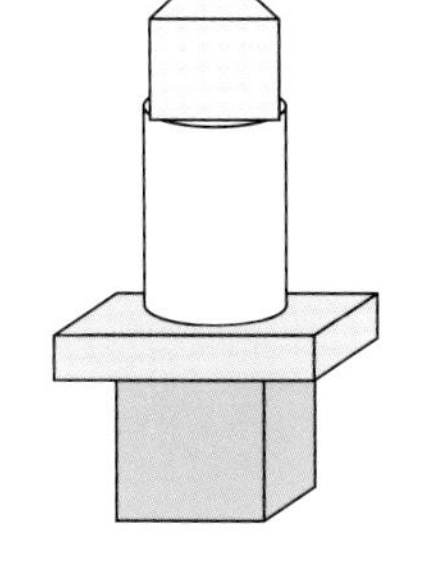

つみきを 下(した)から １つずつ つんで いきます。どの じゅんに つめば いいですか。 30てん

（　　→　　→　　→　　）

2 車(くるま)の ロボットに つぎのように めいれいした とき、どんな せんに なりますか。 20てん

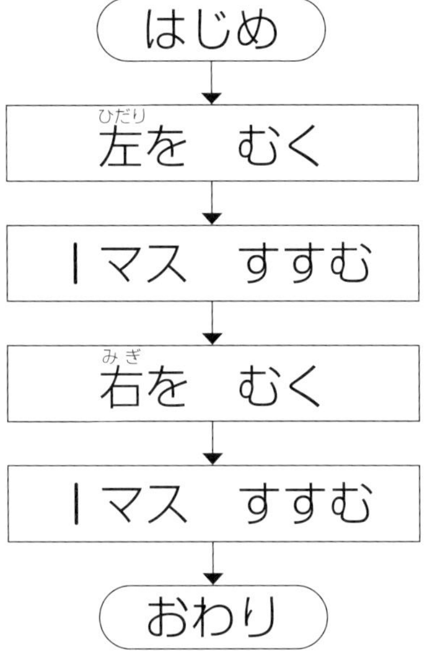

㋐ 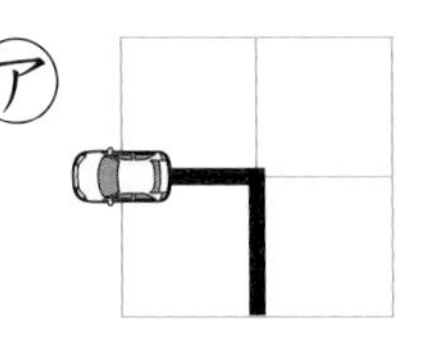
㋑ 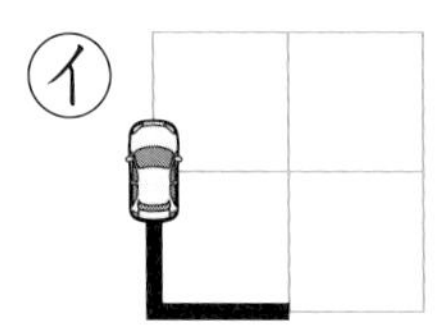
㋒ 

（　　）

3 花を　ある　きまった　じゅんばんに　ならべます。
?に　入る　花は　どれですか。　30てん(1つ10)

① ?

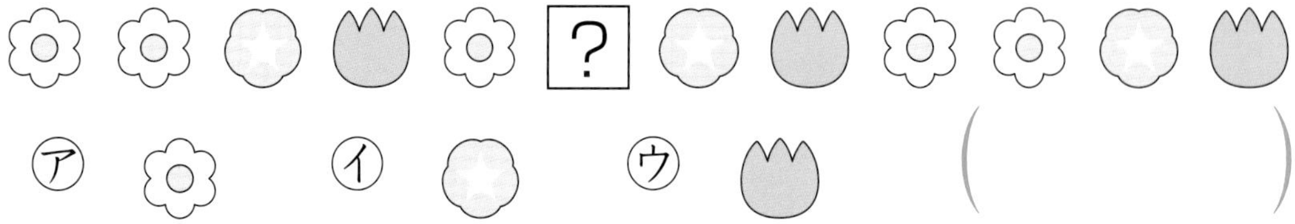

㋐　㋑　㋒　(　　　)

② ?

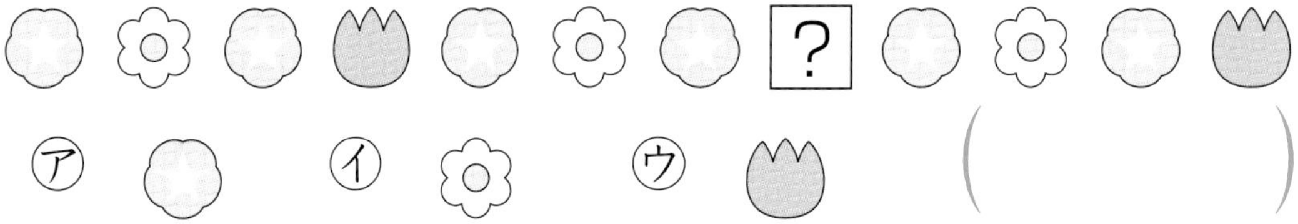

㋐　㋑　㋒　(　　　)

③ ?

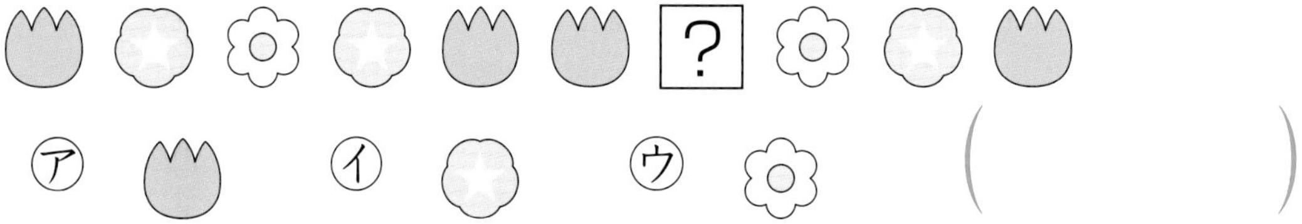

㋐　㋑　㋒　(　　　)

4 ひこうきの　ロボットに　つぎのように　めいれいした　とき、どこに　いきますか。　20てん

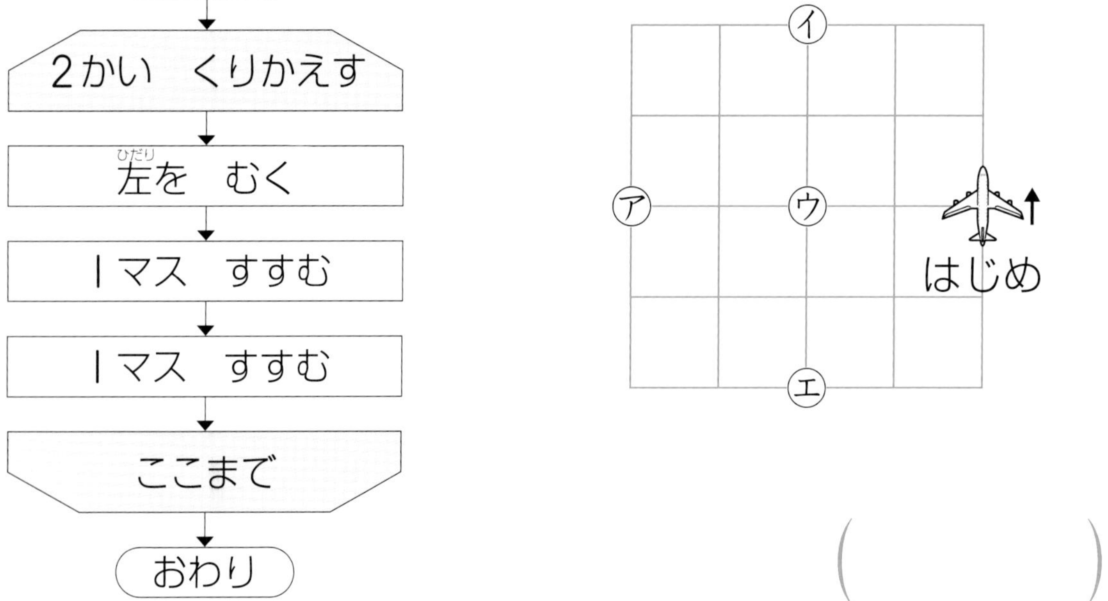

(　　　)

月　日　じ　ふん〜　じ　ふん

なまえ

てん

15 ぶんき①

1 かめが　さんぽして　います。わかれみちは　右（みぎ）に　すすみます。

かめは　㋐〜㋓の　どこに　つきますか。 50てん

㋐ すなはま　㋑ 花（はな）ばたけ　㋒ 山（やま）　㋓ フルーツ村（むら）

（　　　）

❷ かめが　さんぽして　います。はじめの　わかれみちは　右（みぎ）に　すすみ、つぎの　わかれみちは　左（ひだり）に　すすみます。

かめは　㋐～㋓の　どこに　つきますか。　50てん

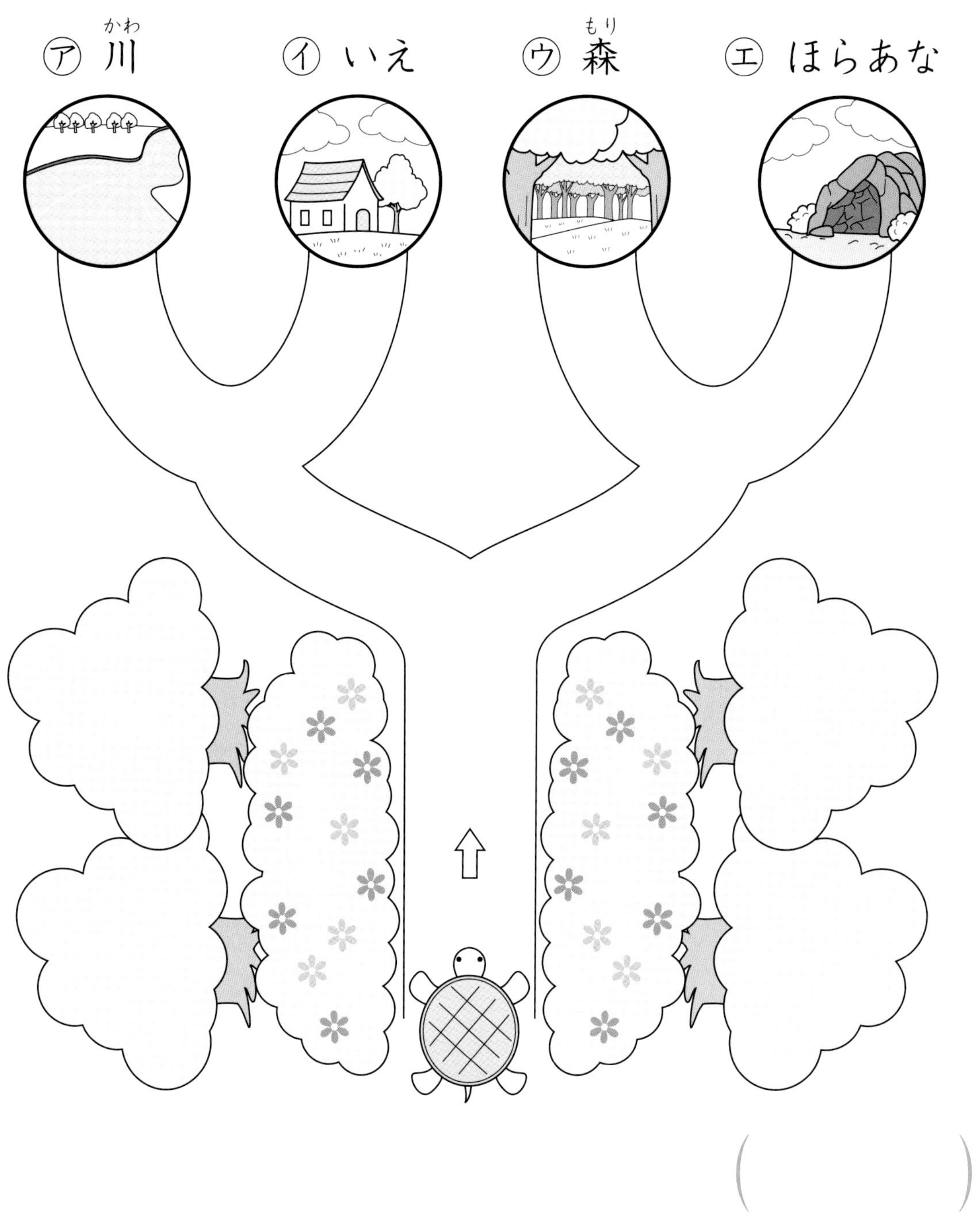

（　　　）

わかれみちに　なって　いる　ところが　わかるかな。右と　左の　ちがいが　わかるかな。

16 ぶんき②

1 あおいさんが、おとうさんと 車(くるま)で ドライブを して います。はじめの わかれみちは 左(ひだり)に すすみ、つぎの わかれみちは 右(みぎ)に すすみ、さらに その つぎの わかれみちは 右に すすみます。

あおいさんは ㋐〜㋗の どこに つきますか。 40てん

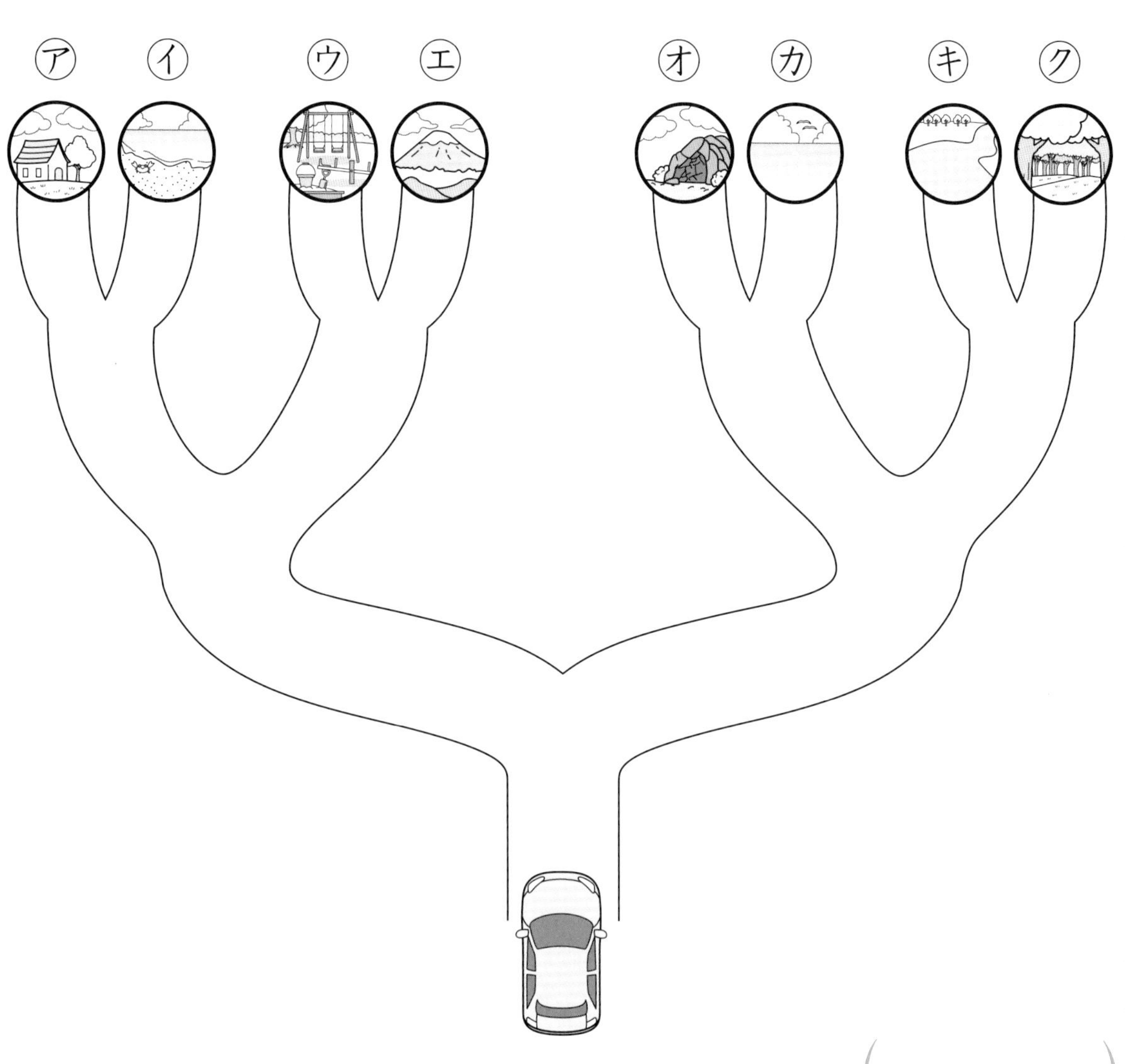

(　　　)

2 あおいさんが、ドライブを　して　います。60てん(1つ30)

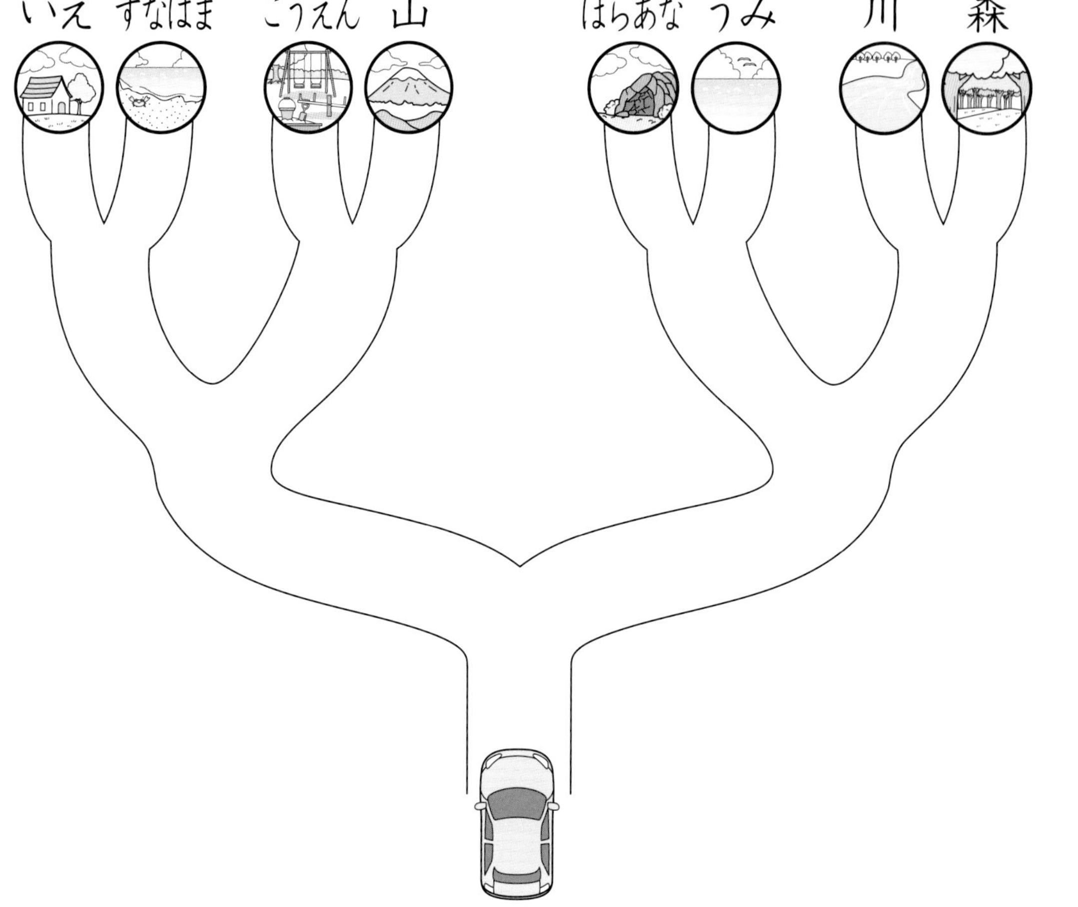

① うみに　いくには　どのように　すすめば　いいですか。

㋐ 左(ひだり)→右(みぎ)→左　㋑ 右→右→左
㋒ 右→右→右　㋓ 右→左→右

(　　　　)

② こうえんに　いくには　どのように　すすめば　いいですか。

㋐ 左→右→左　㋑ 左→右→右
㋒ 左→左→右　㋓ 右→左→右

(　　　　)

わかれみちの　ところで　どちらに　すすむのかを　かんがえよう。もんだいを　しっかり　よんで　かくにんしようね。

17 ぶんき ③

1 ゆうまさんは　きょうの　ふくを　くじで　きめます。

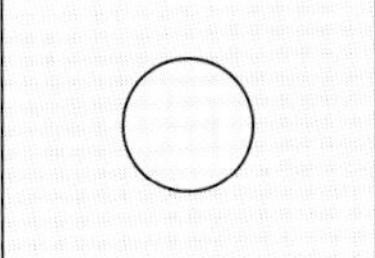 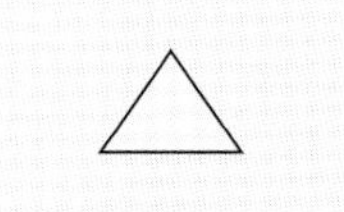 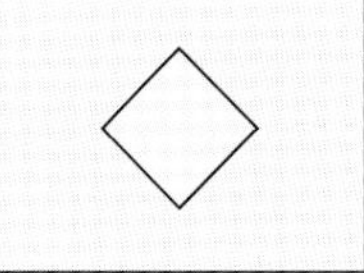

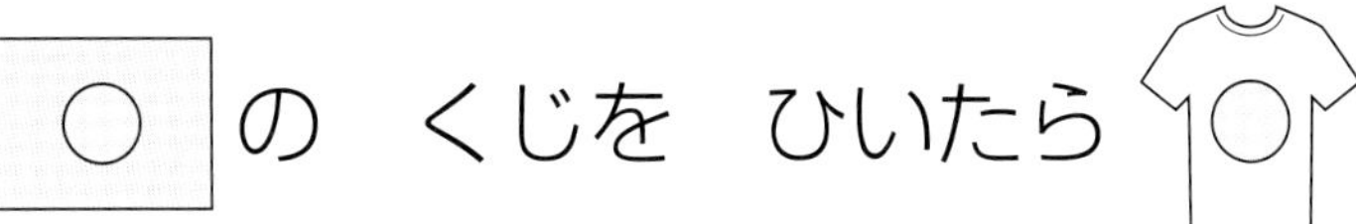

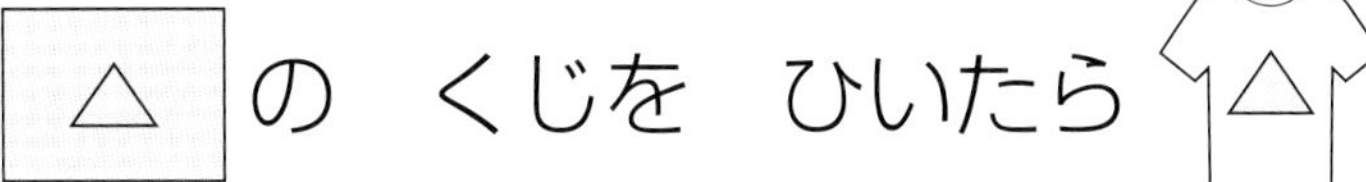

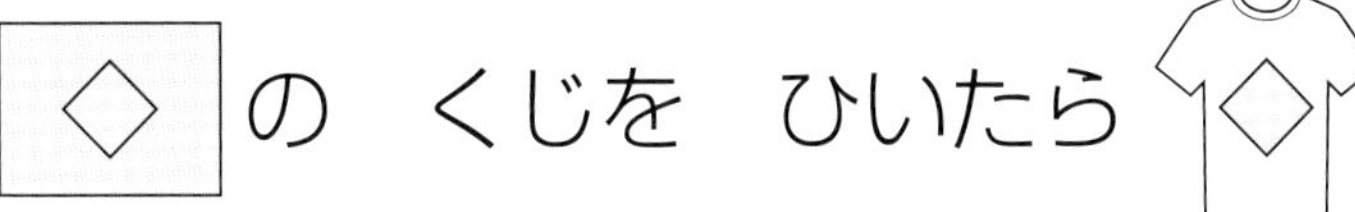

ゆうまさんは　△　を　ひきました。

きょうの　ふくは　どれですか。　40てん

㋐ 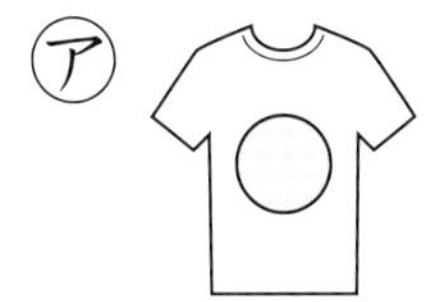　㋑ 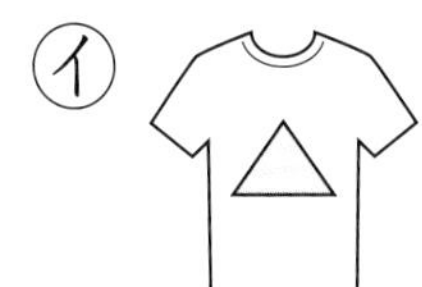　㋒ 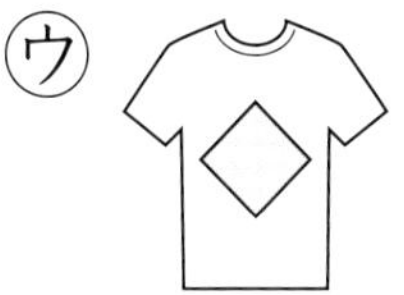　㋓ 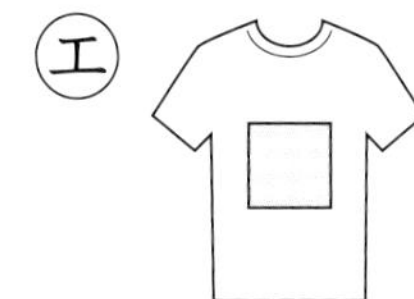

（　　　　）

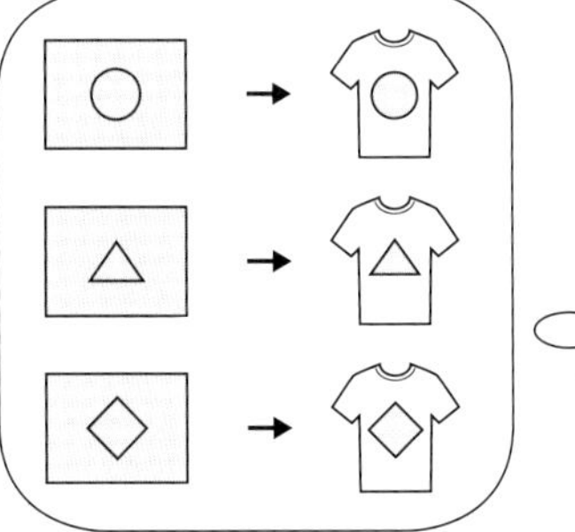

2 りくとさんは　ふくや　ぼうしを　くじで　きめます。

60てん(1つ30)

①

○ の　くじを　ひいたら

△ の　くじを　ひいたら

◇ の　くじを　ひいたら

りくとさんは ◇ を　ひきました。

きょうの　ふくは　どれですか。

ア　イ　ウ

(　　　)

②

☆ の　くじを　ひいたら

♡ の　くじを　ひいたら

□ の　くじを　ひいたら

りくとさんは ☆ を　ひきました。

きょうの　ぼうしは　どれですか。

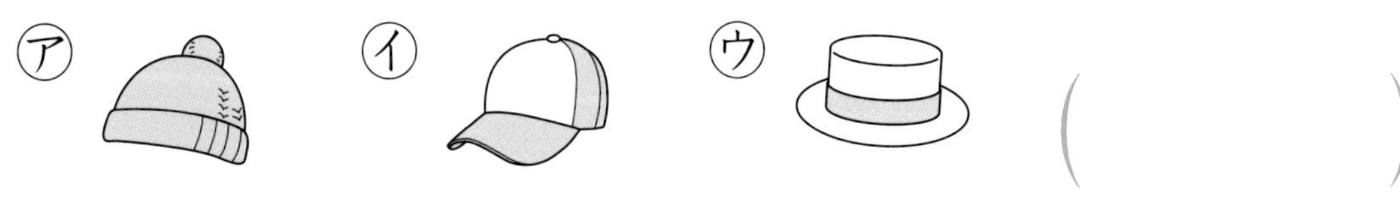

(　　　)

どの　くじを　ひいたら　どの　ふくや　ぼうしに　なるのかな。くじの　かたちを　よく　見(み)ようね。

18 ぶんき ④

月　日　じ　ふん〜　じ　ふん

なまえ

てん

❶ あおいさんは　タイルに　えを　かきます。

しかくい　タイルには　♡を　かきます。

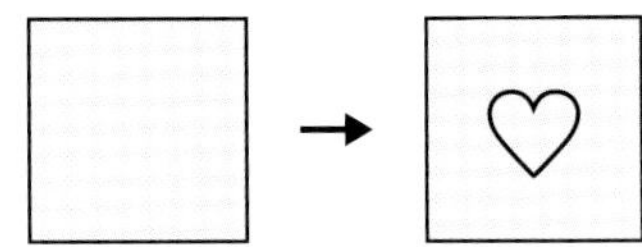

しかくでは　ない　タイルには　○を　かきます。

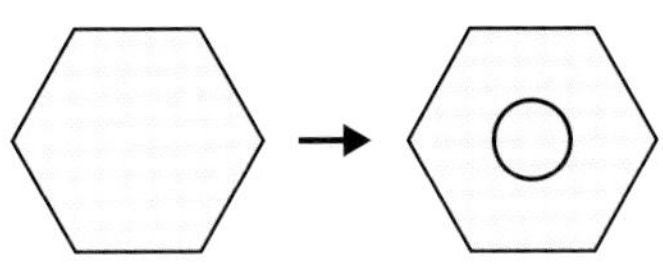

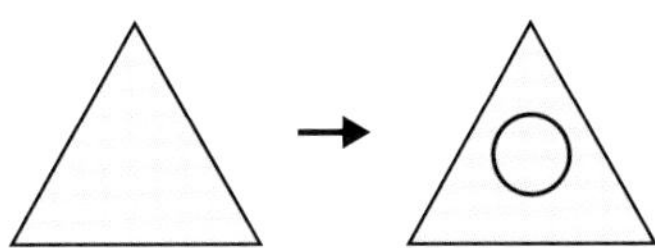

つぎの　タイルで　正(ただ)しく　かかれて　いるのは
どれですか。

50てん

 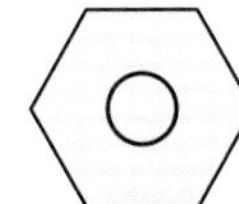 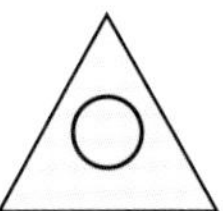   

㋑  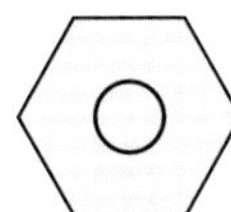 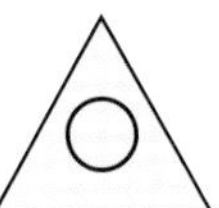  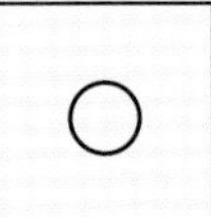 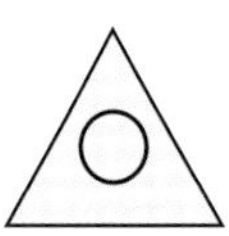

㋒  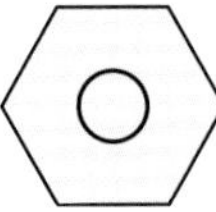 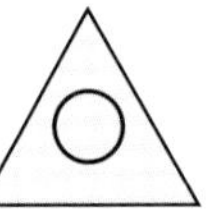   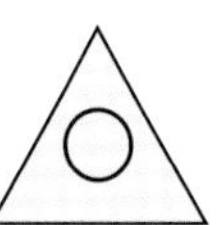

㋓  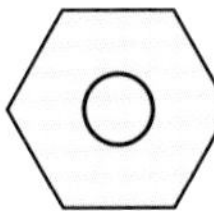 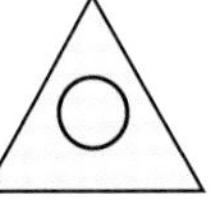  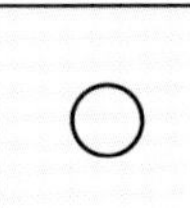 

(　　　　)

❷ ゆうまさんは　タイルに　えを　かきます。

しかくい　タイルには　☆を　かきます。

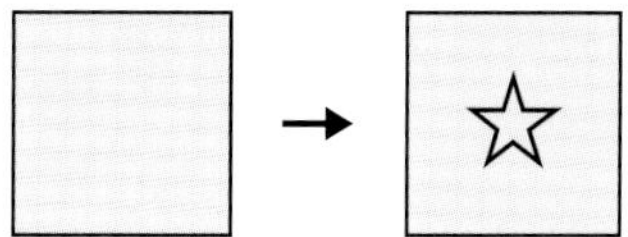

まるい　タイルには　♡を　かきます。

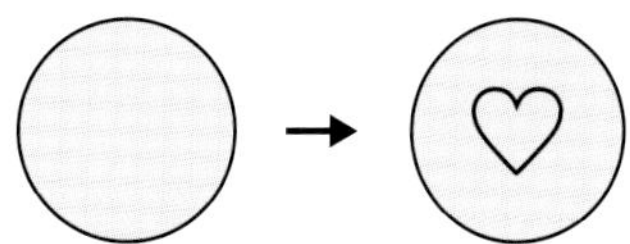

しかくでも　まるでも　ない　タイルには　◎を　かきます。

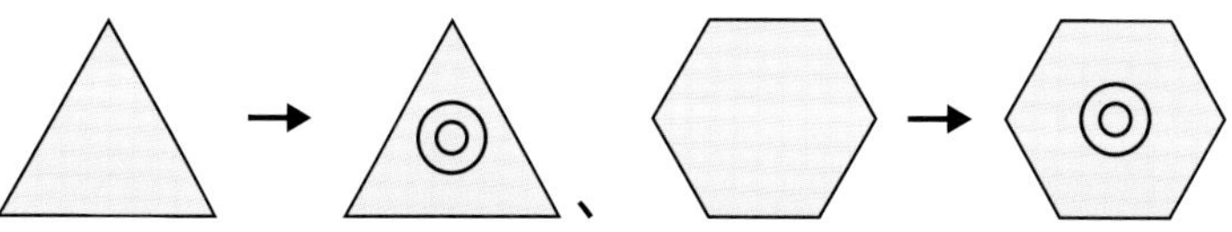

つぎの　タイルで　正(ただ)しく　かかれて　いるのは　どれですか。

50てん

㋐

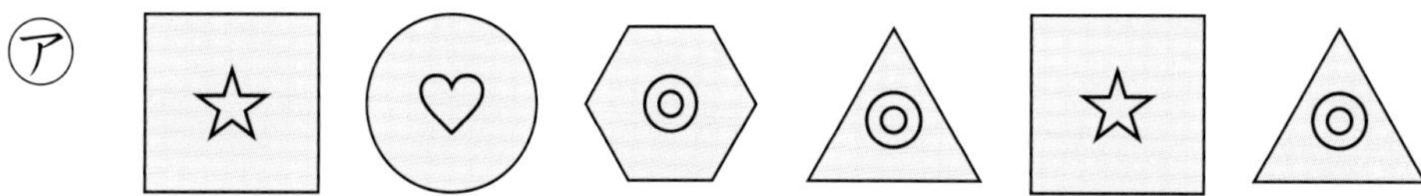

㋑

㋒

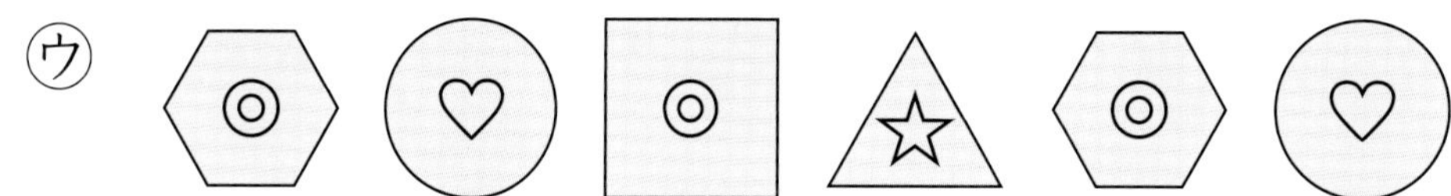

㋓

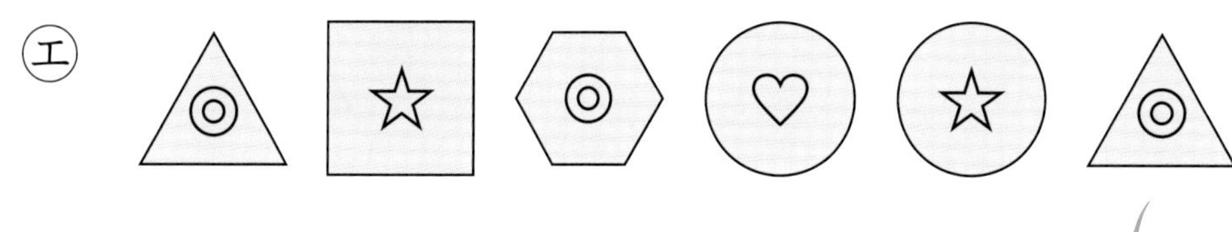

（　　　　）

タイルの　かたちと　かかれて　いる　えを　しっかり　見(み)て　こたえよう。

1 みさきさんは　タイルに　えを　かきます。

しかくい　タイルには　○を　かきます。

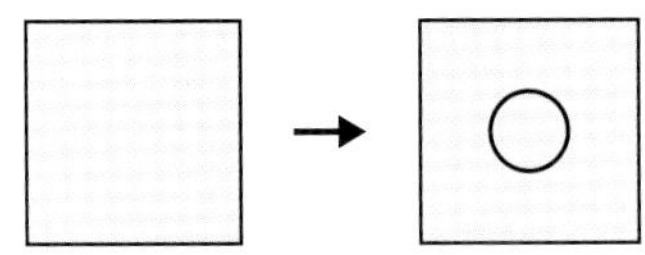

しかくでは　ない　タイルには　♡を　かきます。

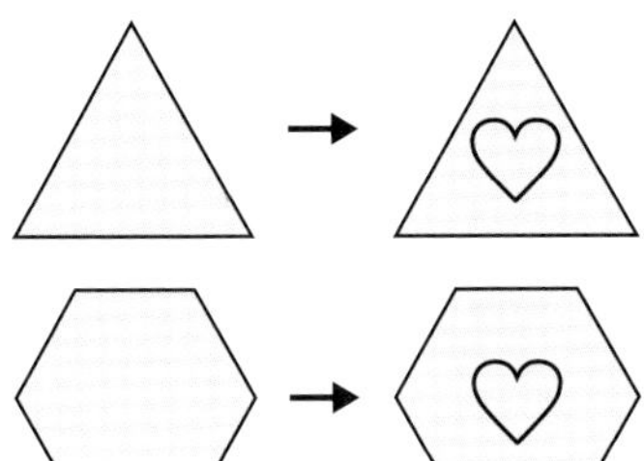

あいて　いる　タイルには　どんな　えを　かけば　いいですか。タイルに　かきましょう。50てん(①、②10、③、④15)

①
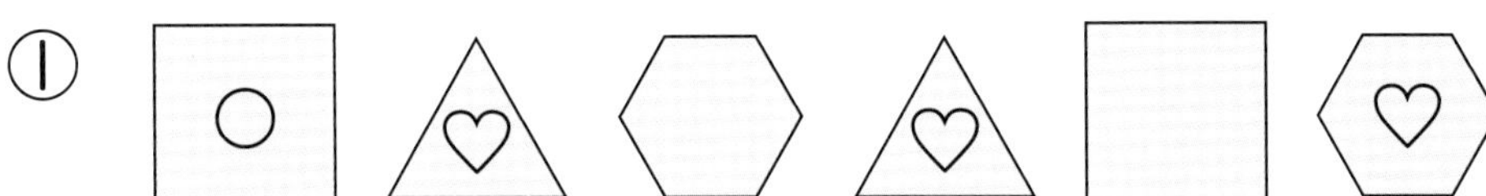

②
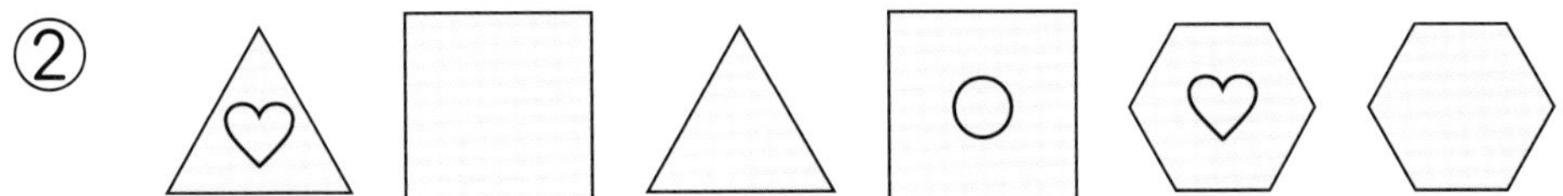

③

④
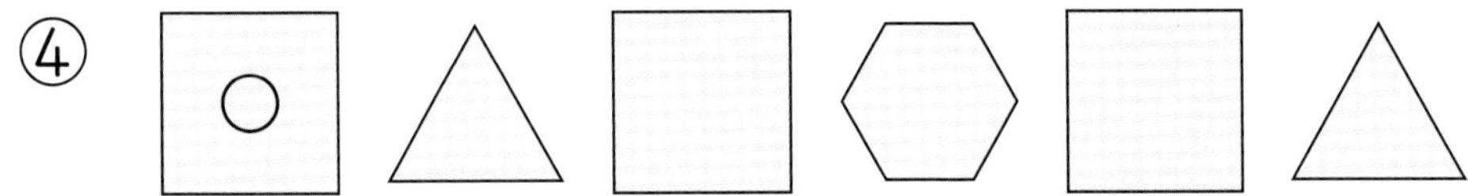

2 しょうたさんは　タイルに　えを　かきます。

さんかくの　タイルには　●を　かきます。

まるい　タイルには　□を　かきます。

さんかくでも　まるでも　ない　タイルには　○をかきます。

あいて　いる　タイルには　どんな　えを　かけばいいですか。タイルに　かきましょう。50てん(①、②10、③、④15)

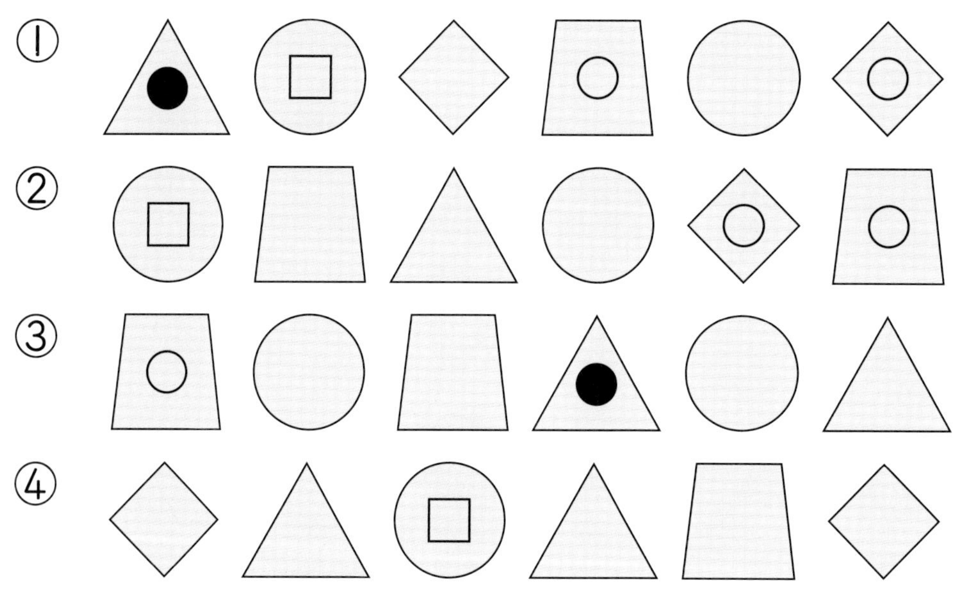

タイルの　かたちで　どんな　えを　かくかが　きまるね。1つ1つ　かくにんしながら　かこう。

ぶんき⑥

1 くじを　3かい　ひいて、ならんで　いる　はたに　つぎのように　いろを　ぬります。

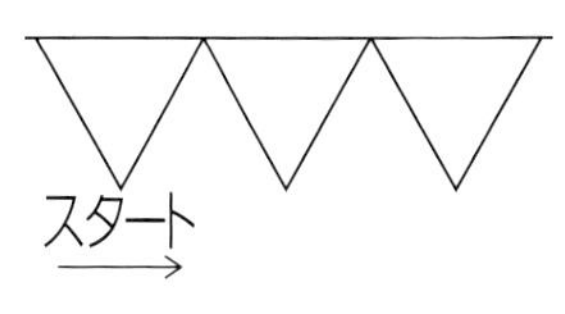

の　くじを　ひいたら、はたに　いろを　ぬる。
の　くじを　ひいたら、右(みぎ)に　1つ　うごく。

ゆうまさんが　くじを　ひいて、いろを　ぬりました。

1かいめ  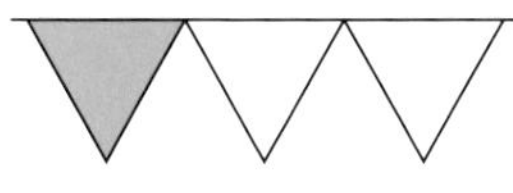 いろを　ぬる。
2かいめ  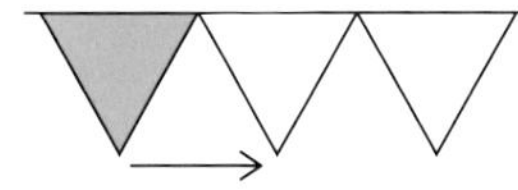 右に　うごく。
3かいめ  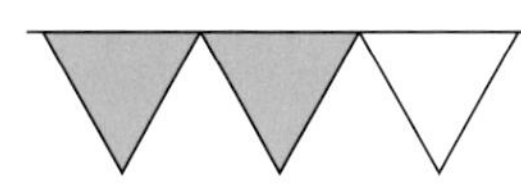 いろを　ぬる。

あおいさんが　くじを　ひいた　ところ、1かいめは 、2かいめは 、3かいめは  でした。
はたは　どのように　ぬられましたか。　40てん

㋐ 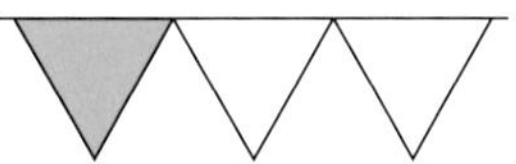
㋑ 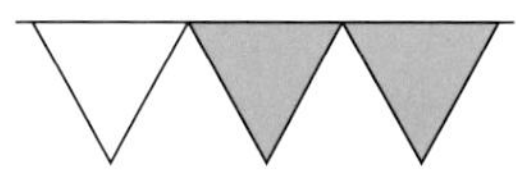
㋒ 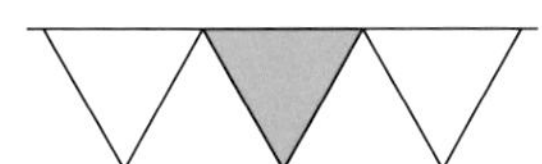
㋓ 

(　　　)

❷ くじを　ひいて　はたに　いろを　ぬります。

60てん(1つ30)

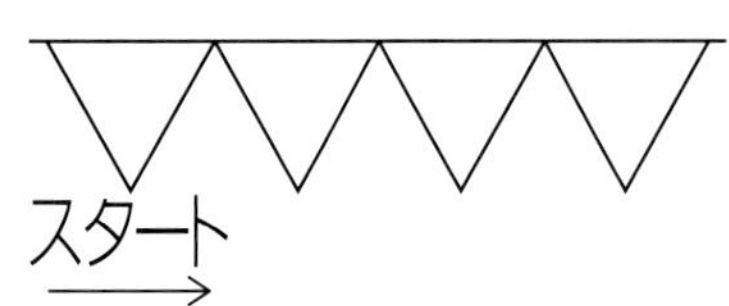

[♥] の　くじを　ひいたら、はたに　いろを　ぬる。

[●] の　くじを　ひいたら、右に　1つ　うごく。

① みさきさんが　くじを　4かい　ひきました。

1かいめは [♥]、2かいめは [●]、3かいめは [♥]、4かいめは [●] でした。

はたは　どのように　ぬられましたか。

㋐

㋑

㋒

㋓

（　　　　）

② さくらさんが [●]、[♥]、[●]、[●] の　じゅんに　くじを　ひいた　とき、はたは　どのように　ぬられますか。いろを　ぬりましょう。

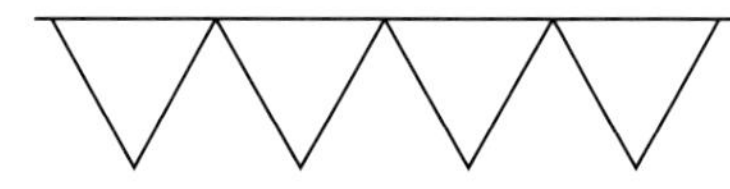

くじの　もようで　はたに　いろを　ぬるか、右に　1つ　うごくかが　きまるよ。くじを　ひいた　じゅんばんに　ちゅうい　しよう。

21 ぶんき ⑦

1 あおいさんは　上(あ)がった　はたを　見(み)て、きまった　ポーズを　とります。

☆の　はたなら、かた手(て)を　上げる。

□の　はたなら、かた足(あし)を　上げる。

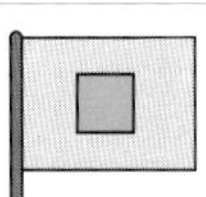
☆、□と　ちがう　はたなら、えがおに　なる。

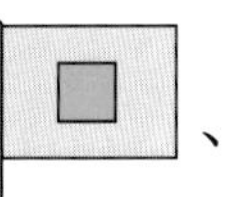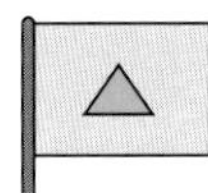
□、☆、△の　じゅんで　はたが　上がりました。

あおいさんが　さいごに　とった　ポーズは　どれですか。

40てん

ア 　イ 　ウ 　エ 

(　　　)

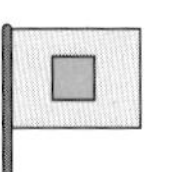
□　かた足を　上げる。

↓

☆　かた手を　上げる。

↓

△　えがおに　なる。　？

2 ゆうまさんは　上(め)がった　はたを
見(み)て、きまった　ポーズを　とります。

60てん(1つ30)

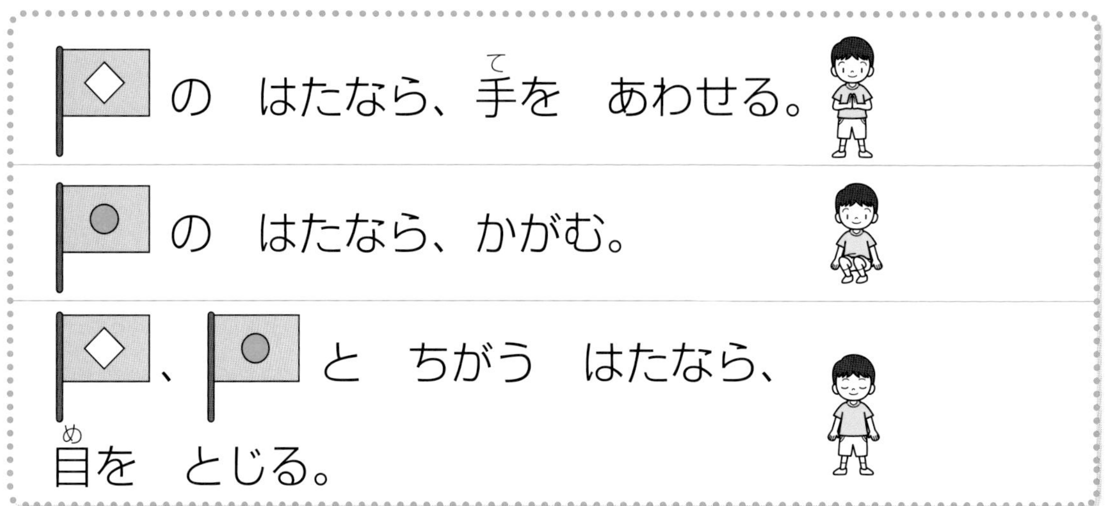

① 、 、 の　じゅんで　はたが　上がり
ました。ゆうまさんが　さいごに　とった　ポーズは
どれですか。

(　　　)

② 、 、 の　じゅんで　はたが　上がり
ました。ゆうまさんが　2つ目の　はたが　上がった
ときに　とった　ポーズは　どれですか。

(　　　)

2つ目の　ポーズを　とる　とき、1つ目の　ポーズは　そのまま　つづけるよ。つづけて　ポーズを　たして　いこう。

22 ぶんき⑧

1 クッキーが　5まい　あります。

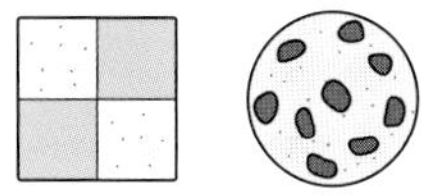

ゆうまさんは　つぎの　めいれいの　とおりに
クッキーを　わけます。

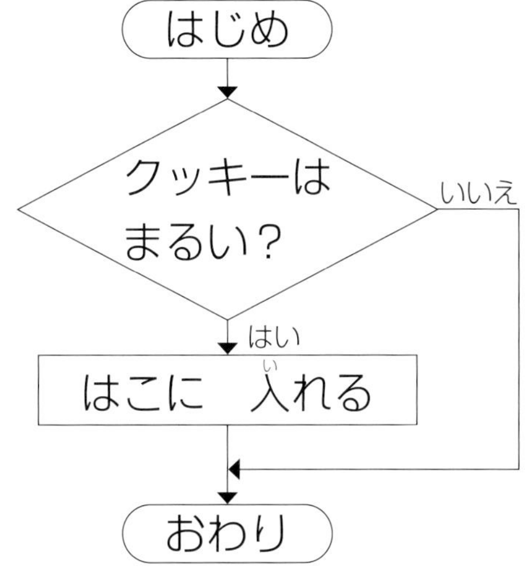

まるい　クッキーは　はこに
入れるよ。
その　ほかの　クッキーは
なにも　しないよ。

はこの　中には、なんまい　クッキーが　入りますか。

30てん

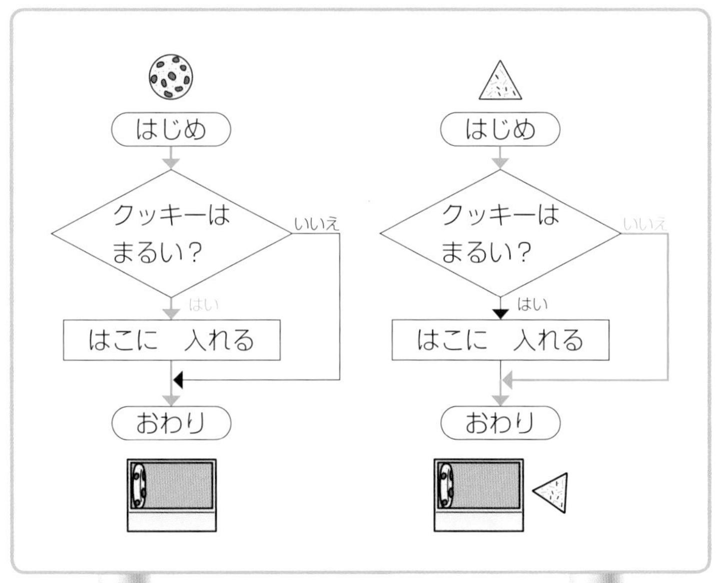

（　　　　）まい

2 あおいさんは　つぎの　めいれいの　とおりに　クッキーを　わけます。

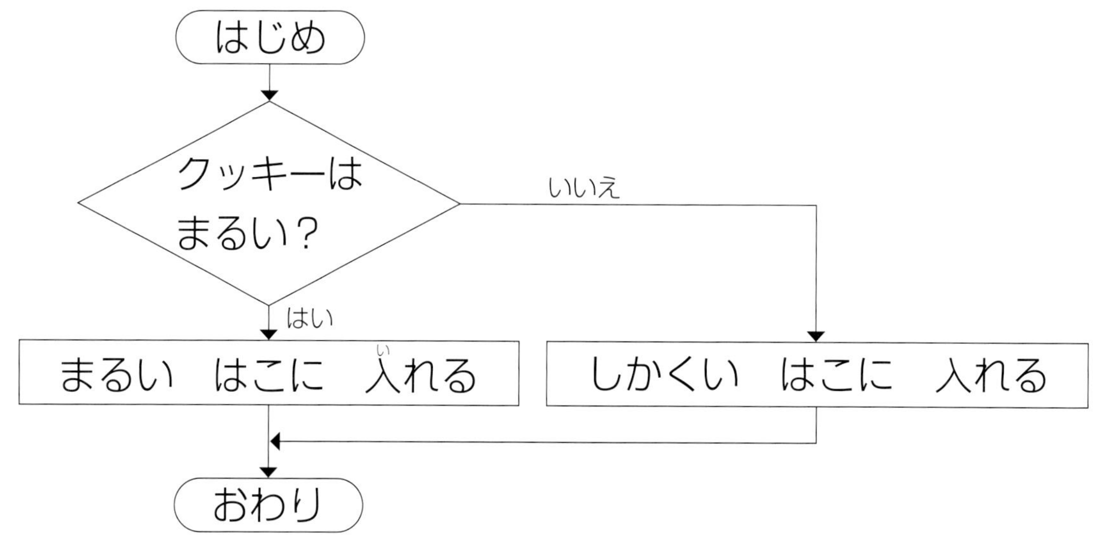

つぎの　クッキーは　まるい　はこと、しかくい　はこの　どちらに　入れますか。正しい　ほうに　○を　つけましょう。　40てん(1つ10)

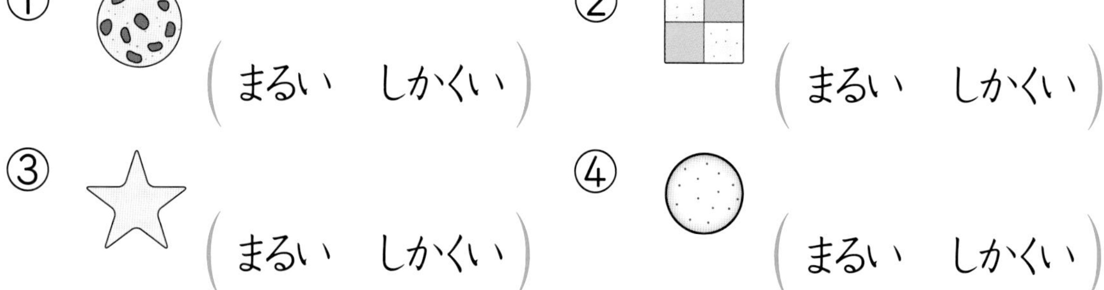

3 **2**の　めいれいの　とおりに　クッキーを　わけます。しかくい　はこに　入れるのは　なんまいですか。　30てん

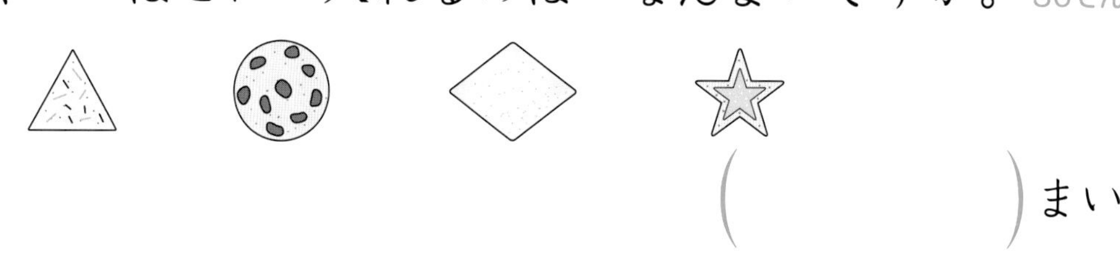

（　　　　）まい

めいれいの　とおりに　クッキーを　わけると　どう　なるかを　かんがえよう。かたちが　まるいか　まるく　ないかを　よく　見てね。

23 ぶんき⑨

1 はるとさんは　つぎの　めいれいの　とおりに　つみきを　わけます。

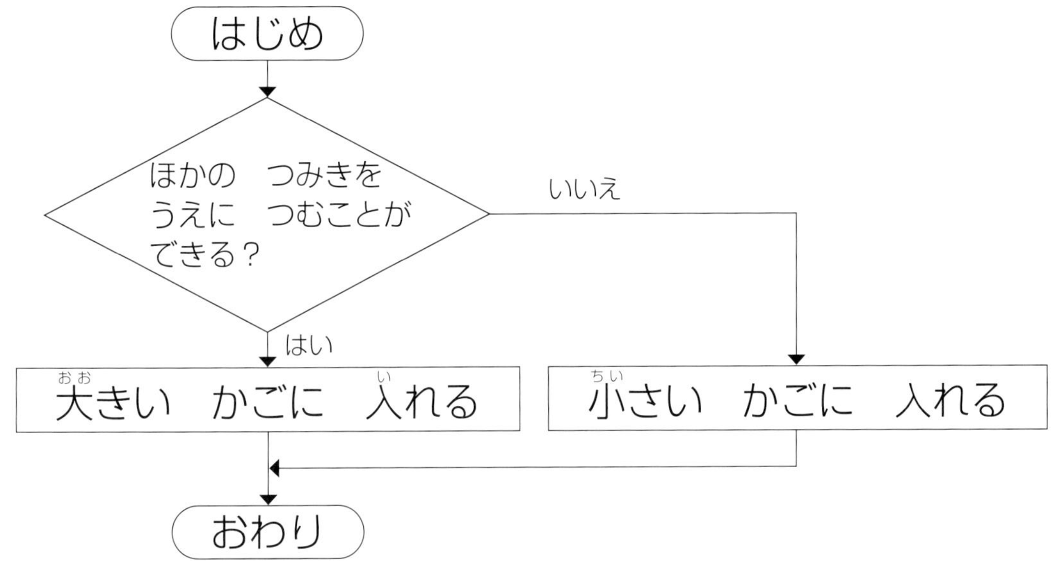

つぎの　つみきは　大きい　かごと、小さい　かごの　どちらに　入れますか。正しい　ほうに　○を　つけましょう。　40てん(1つ10)

2 **1**の　めいれいの　とおりに　つみきを　わけます。大きい　かごに　入れるのは　なんこですか。　10てん

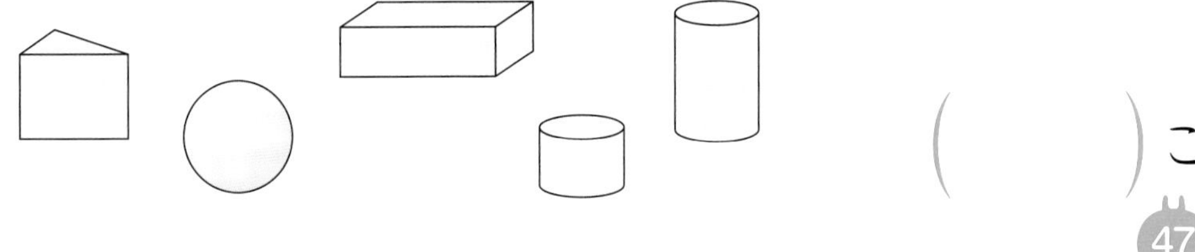

（　　　）こ

3 ゆうなさんは　つぎの　めいれいの　とおりに
つみきを　わけます。

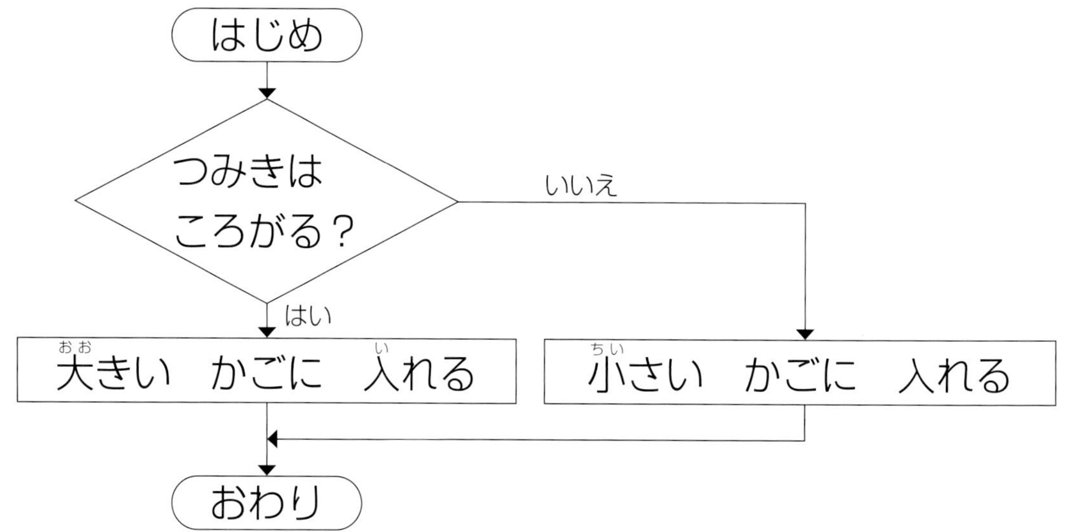

つぎの　つみきは　大きい　かごと、小さい　かごの
どちらに　入れますか。正しい　ほうに　○を
つけましょう。

40てん(1つ10)

① （大きい　小さい）　② （大きい　小さい）

③ （大きい　小さい）　④ （大きい　小さい）

4 **3**の　めいれいの　とおりに　つみきを　わけます。
大きい　かごと　小さい　かごに　わけましょう。

10てん(1つ5)

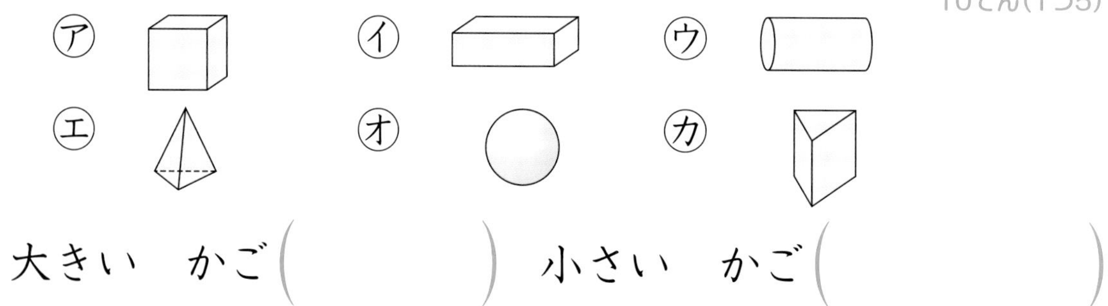

大きい　かご（　　　　）　小さい　かご（　　　　）

めいれいに　よって　入れる　かごが　かわるよ。よく　かんがえよう。

24 ぶんき ⑩

1 たしざんが　かかれた　カードが　あります。

9＋3　1＋8　5＋6　7＋3

そうたさんは　つぎの　めいれいの　とおりに　カードを　わけます。

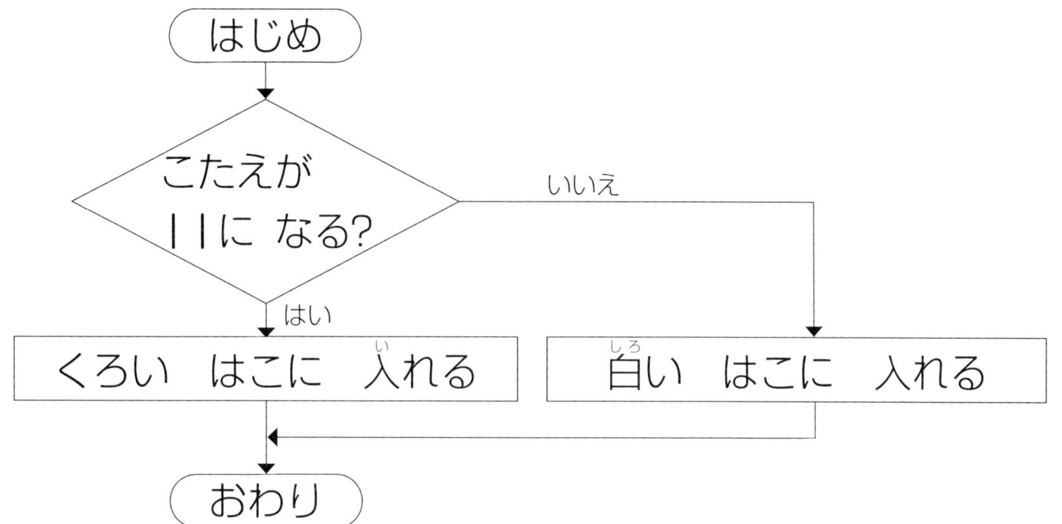

つぎの　カードは　くろい　はこと、白い　はこの　どちらに　入れますか。正しい　ほうに　○を　つけましょう。

40てん(1つ10)

① 9＋3 （くろ　白）　② 1＋8 （くろ　白）

③ 5＋6 （くろ　白）　④ 7＋3 （くろ　白）

2 **1**の　めいれいの　とおりに　カードを　わけます。くろい　はこに　入れる　カードは　なんまいですか。

10てん

8＋3　4＋7　10＋2　6＋3　（　　　）まい

3 さくらさんは　つぎの　めいれいの　とおりに　ひきざんが　かかれた　カードを　わけます。

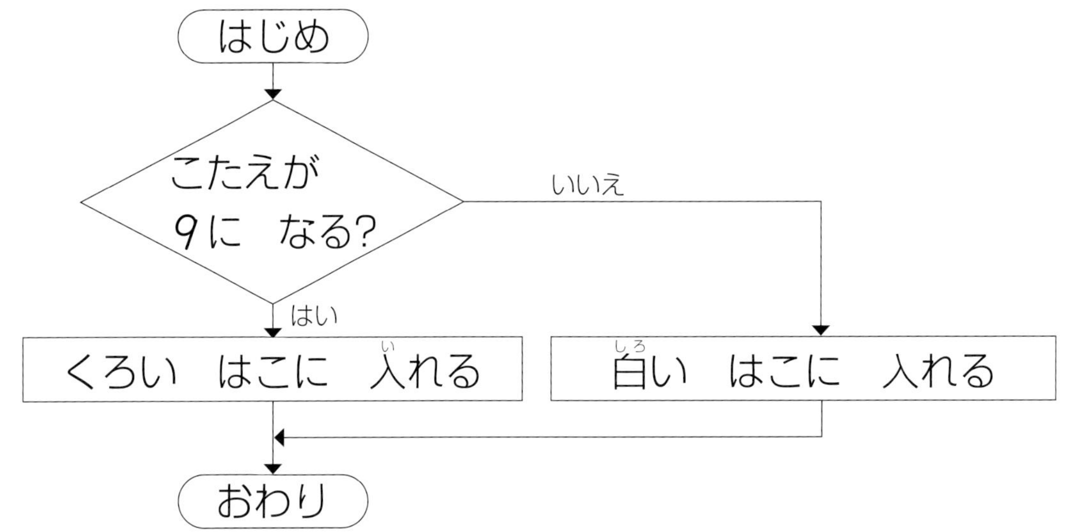

つぎの　カードは　くろい　はこと、白い　はこの　どちらに　入れますか。正しい　ほうに　○を　つけましょう。

40てん(1つ10)

① 11－3 （くろ　白）　② 15－7 （くろ　白）

③ 13－4 （くろ　白）　④ 10－1 （くろ　白）

4 **3**の　めいれいの　とおりに　カードを　わけます。くろい　はこと　白い　はこに　わけましょう。

10てん(1つ5)

㋐ 14－6　㋑ 12－5　㋒ 15－6　㋓ 18－9

くろい　はこ（　　　）　白い　はこ（　　　）

めいれいの　はいと　いいえの　いく　ほうこうに　気を　つけよう。
けいさんも　まちがえないように　しよう。

25 まとめの テスト

月　日　もくひょうじかん 15 ふん

なまえ　　てん

1 さくらさんは　きょうの　ふくを　くじで　きめます。

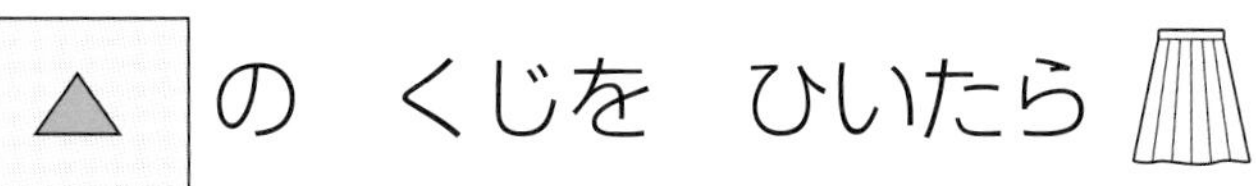

▲の　くじを　ひいたら

△の　くじを　ひいたら

▽の　くじを　ひいたら

さくらさんは　△　を　ひきました。

きょうの　ふくは　どれですか。　10てん

㋐ 　㋑ 　㋒ 　㋓ 

（　　　）

2 そうたさんは　タイルに　えを　かきます。

まるい　タイルには　△を、まるでは　ない　タイルには　●を　かきます。

あいて　いる　タイルには　どんな　えを　かけば　いいですか。タイルに　かきましょう。　30てん(1つ15)

① 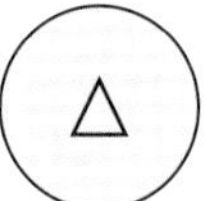 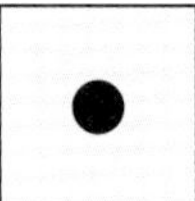 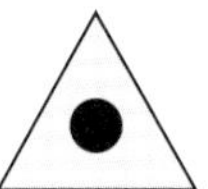 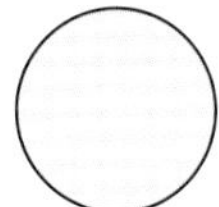 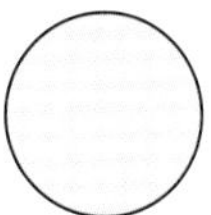 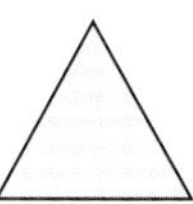 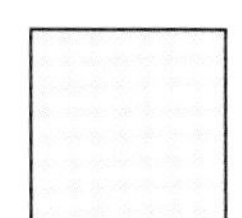

② 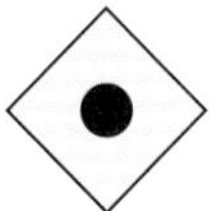  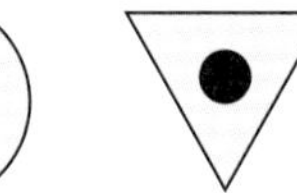 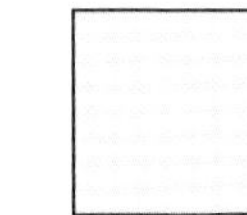  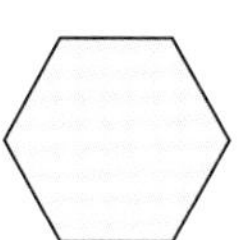 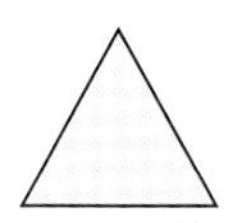

3 はるとさんは　たしざんや　ひきざんが　かかれた カードを　つぎの　めいれいの　とおりに　わけます。

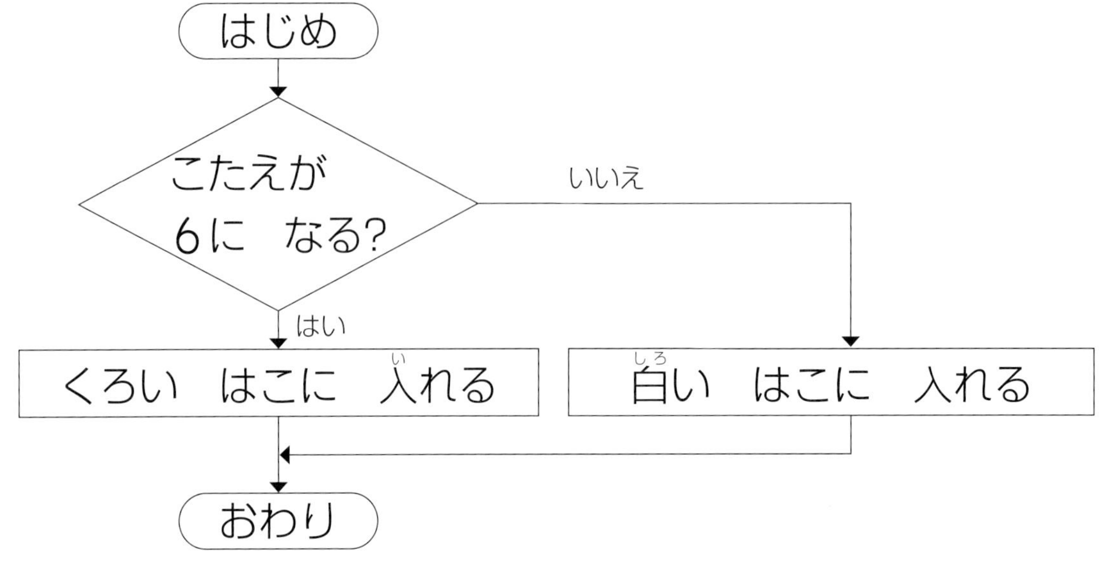

　つぎの　カードは　くろい　はこと、白い　はこの どちらに　入れますか。正しいほうに　○を つけましょう。

40てん(1つ10)

① 1+4 （くろ　白）　② 11−5 （くろ　白）

③ 9−3 （くろ　白）　④ 3+3 （くろ　白）

4 3の　めいれいの　とおりに　カードを　わけます。くろい　はこと　白い　はこに　わけましょう。

20てん(1つ10)

㋐ 10−4　㋑ 12−5　㋒ 5+1　㋓ 4+3　㋔ 15−7

くろい　はこ（　　　　　）　白い　はこ（　　　　　）

26 イベントしょり①

1 いぬがたロボットの　こたろうは
あるいて　いえを　めざします。
　こたろうは　つぎの　とおりに
うごきます。

・すすんだ　みちを　もどる　ことは　できない。
・と中（ちゅう）で　かべに　ぶつかると、左（ひだり）を　むく。

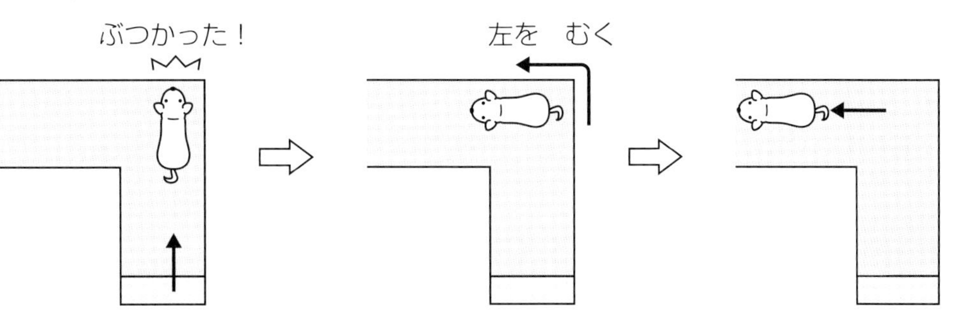

　こたろうが　つぎの　みちを　すすむ　とき、いえに
つく　ことが　できますか。（　）の　正（ただ）しい　ほうに
○を　つけましょう。

50てん

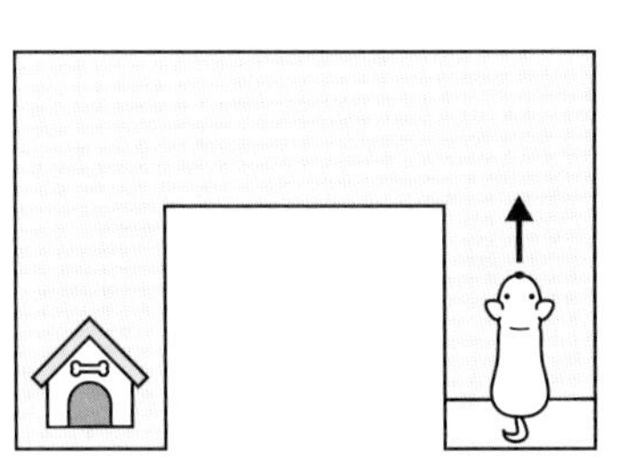

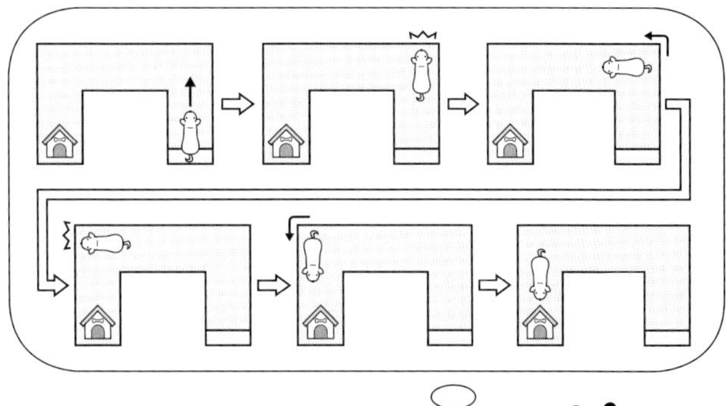

いえに　つく　ことが　（できる　　できない）。

❷ いぬがたロボットの　こたろうは　あるいて　いえを　めざします。こたろうは　つぎの　とおりに　うごきます。

・すすんだ　みちを　もどる　ことは　できない。
・と中(ちゅう)で　かべに　ぶつかると、左(ひだり)を　むく。

つぎの　みちの　中(なか)で　こたろうが　いえに　つく　ことが　できるのは　どれですか。 50てん

（　　　　）

こたろうが　とまって　しまう　ことも　あるよ。そのときは　いえに　つく　ことが　できないね。

27 イベントしょり②

1 いぬがたロボットの　こたろうは
あるいて　いえを　めざします。
こたろうは　つぎの　とおりに
うごきます。

・すすんだ　みちを　もどる　ことは　できない。
・こたろうに　「左(ひだり)、右(みぎ)」と　めいれいすると、
さいしょに　ぶつかった　ときは　左を　むく。
つぎに　ぶつかった　ときは　右を　むく。

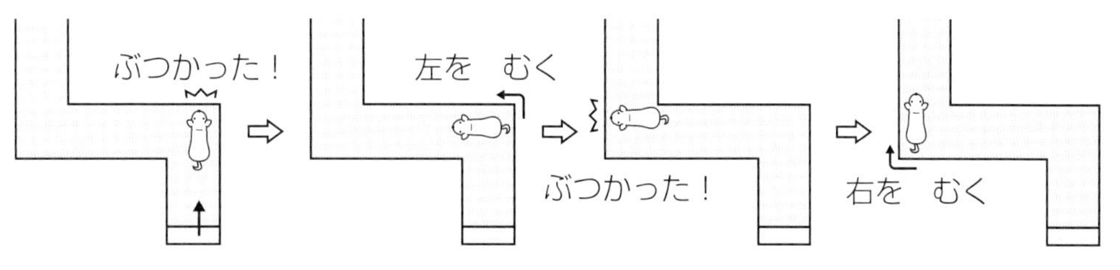

こたろうが　つぎの　みちを　すすむ　とき、いえに
つく　ことが　できる　めいれいは　どれですか。

40てん(1つ20)

①

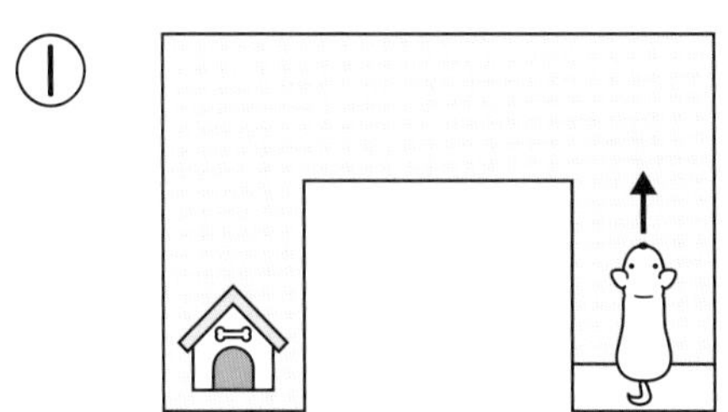

㋐ 右、左
㋑ 左、右
㋒ 右、右
㋓ 左、左
(　　　)

②

㋐ 右、左
㋑ 左、右
㋒ 右、右
㋓ 左、左
(　　　)

2 こたろうが　つぎの　みちを　すすむ　とき、いえに　つく　ことが　できる　めいれいは　どれですか。

60てん(1つ20)

・すすんだ　みちを　もどる　ことは　できない。
・こたろうに　「左(ひだり)、右(みぎ)」と　めいれいすると、さいしょに　ぶつかった　ときは　左を　むく。つぎに　ぶつかった　ときは　右を　むく。

① 

㋐　左、右、左、右
㋑　左、左、左、左
㋒　右、右、左、左
㋓　右、右、右、右

(　　　)

② 

㋐　左、右、左、右
㋑　左、左、右、右
㋒　右、右、左、左
㋓　右、左、右、右

(　　　)

③ 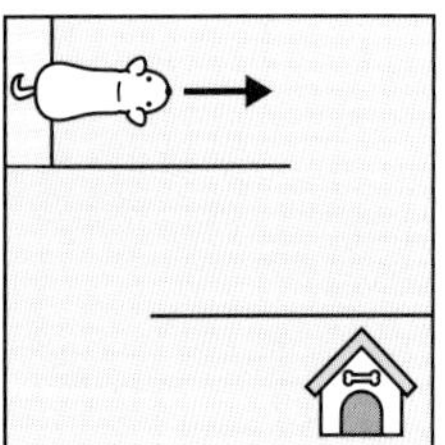

㋐　左、右、左、右
㋑　左、左、右、右
㋒　右、右、左、左
㋓　右、左、右、右

(　　　)

どれも　4かい　ぶつかるよ。ぶつかった　ときに　右と　左の　どちらの　めいれいを　したら　いいかを　かんがえよう。

28 コンピュータの かんがえかた ①

月　日　じ　ふん〜　じ　ふん

なまえ

てん

1 ゆうまさんは　ひみつの　メモを　つくりました。

|の　マスを　ぬると　かたちが　あらわれます。

0	1	0
1	0	1
0	1	0

→

0		0
	0	
0		0

あおいさんは　つぎのような　ひみつの　メモを　つくりました。|の　マスを　ぬると　㋐〜㋓の　どの　かたちが　あらわれますか。

20てん

1	1	1
0	1	0
0	1	0

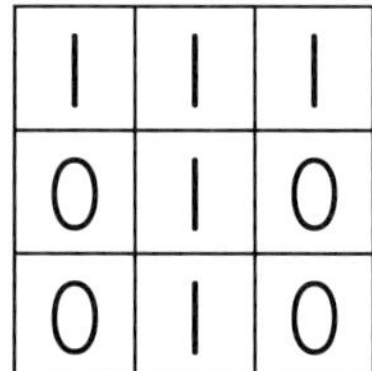

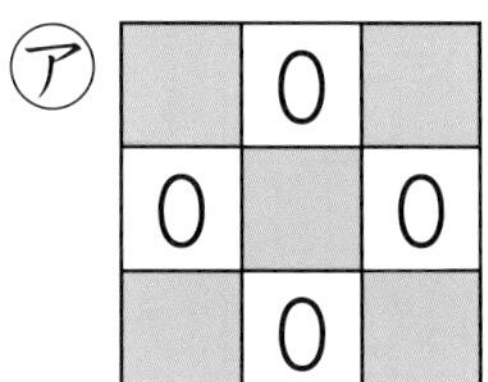

㋐

	0	
0		0
	0	

㋑

0		0
0		0

㋒

0		0

㋓

0	0	0
	0	
	0	

（　　　　）

2 |の　マスに　いろを　ぬりましょう。　30てん(1つ10)

①

1	0	0
1	0	0
1	1	1

②

1	1	1
0	0	0
1	1	1

③

1	0	0
0	1	1
0	1	1

3 はるとさんは　つぎのような　ひみつの　メモを　つくりました。1の　マスを　ぬると　かたちが　あらわれます。

0	1	0	0
0	1	1	0
0	1	0	0
1	1	1	1

㋐〜㋓の　どの　かたちが　あらわれますか。　20てん

㋐

0	0		0
0			0
0	0		0

㋑

	0	0	
	0	0	

㋒

0		0	0
0			0
0		0	0

㋓

0		0	0
0			0
0		0	0

（　　　　）

4 1の　マスに　いろを　ぬりましょう。　30てん（1つ5）

①

1	0	0	1
0	1	1	0
0	1	1	0
1	0	0	1

②

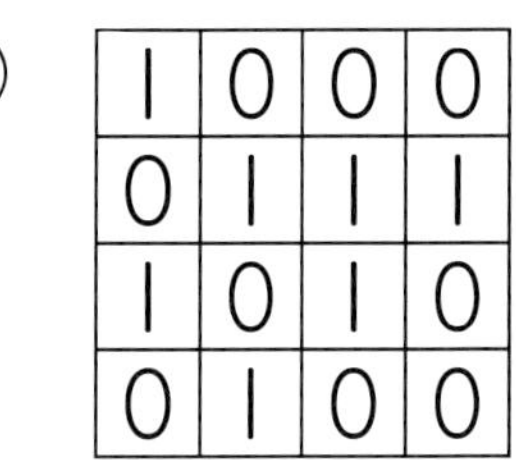

1	0	0	0
0	1	1	1
1	0	1	0
0	1	0	0

③

0	1	0	0
1	0	1	1
0	1	1	0
0	0	1	0

④

0	1	1	0
1	0	0	1
1	0	0	1
0	1	1	0

⑤

0	1	0	1
0	1	0	1
1	0	1	0
1	0	1	0

⑥

0	1	0	0
0	1	0	1
1	0	1	0
0	0	1	0

0と　1が　かいて　ある　ずに　いろを　ぬって　みよう。1の　マスには　ぬって、0の　マスには　ぬらないよ。

29 コンピュータの かんがえかた②

月　日　じ　ふん～　じ　ふん

なまえ

てん

1 白(しろ)、みどり、くろの　3しょくの　タイルを　はって　かべに　もようを　つくります。

メモを　見(み)ながら　0の　マスに　白、1の　マスに　みどり、2の　マスに　くろの　タイルを　はると、つぎのように　なります。

〈メモ〉

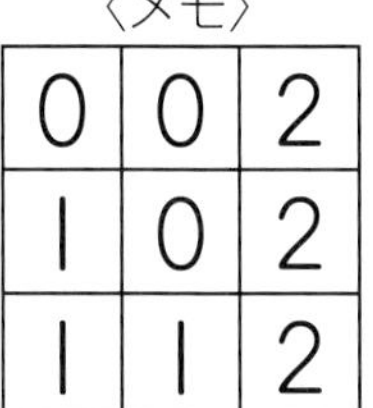

0	0	2
1	0	2
1	1	2

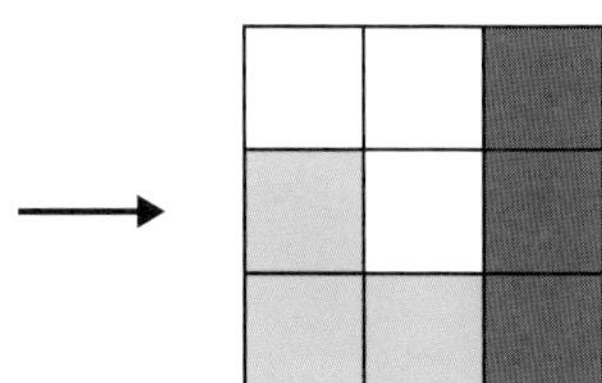

つぎの　メモを　見ながら　かべに　タイルを　はると、どんな　もようが　できますか。　25てん

〈メモ〉

2	1	2
1	0	1
2	1	2

ア 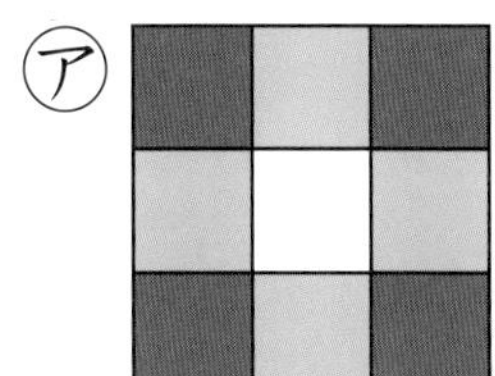

イ 

ウ 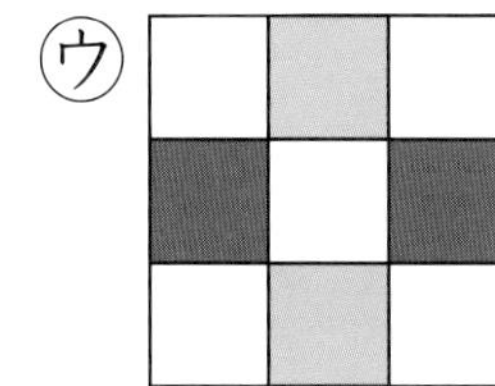

エ 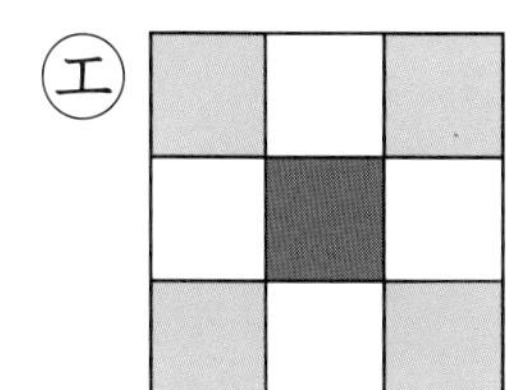

(　　　　)

2 かべの　もようが　つぎの　ように　なりました。もようと　おなじに　なる　メモは　どれですか。　25てん

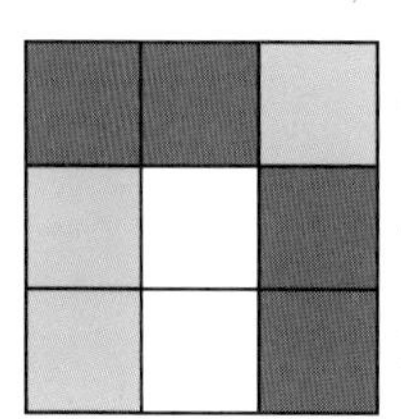

ア

1	1	2
2	0	1
2	0	1

イ

2	2	1
1	0	2
1	0	2

ウ

0	0	1
2	1	2
2	1	2

(　　　　)

3 0の　マスに　白（しろ）、1の　マスに　みどり、2の　マスに　くろの　タイルを　はって　かべに　もようを　つくります。

メモを　見（み）ながら　かべに　タイルを　はると、どんな　もようが　できますか。

25てん

〈メモ〉

0	2	2	2	2	0
2	2	2	2	2	2
0	1	1	1	1	0
0	1	1	1	1	0
0	0	1	1	0	0

㋐ 

㋑ 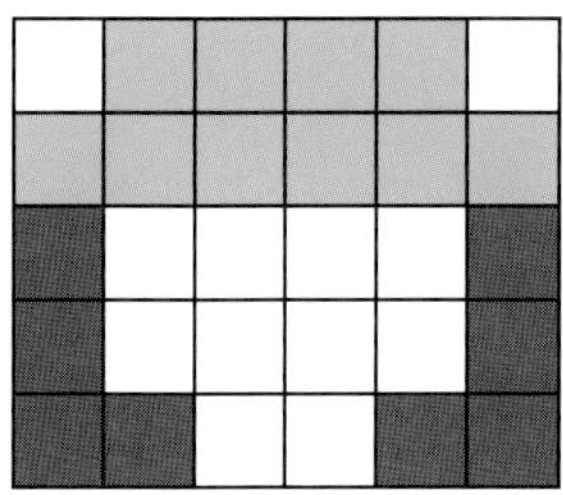

㋒ 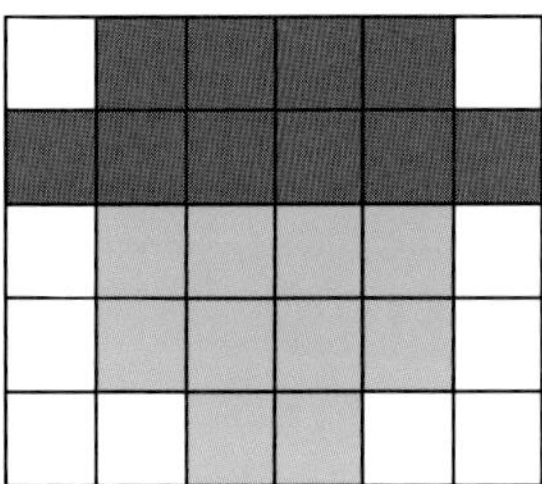

㋓ 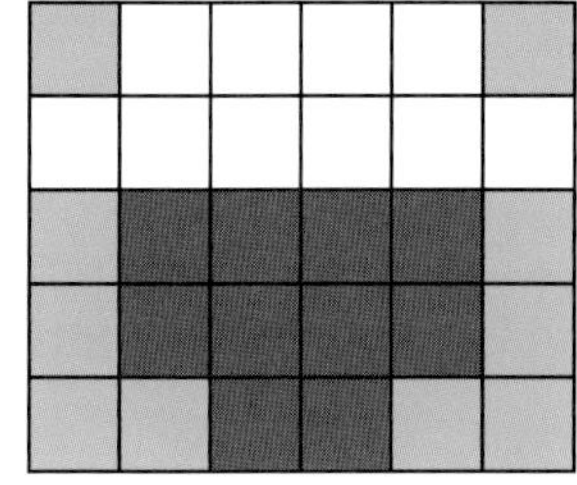

（　　　　）

4 タイルを　はって　かべに　つぎのような　もようを　つくりました。どんな　メモを　見て　つくりましたか。メモの　あいて　いる　ところに　かずを　かきましょう。

25てん

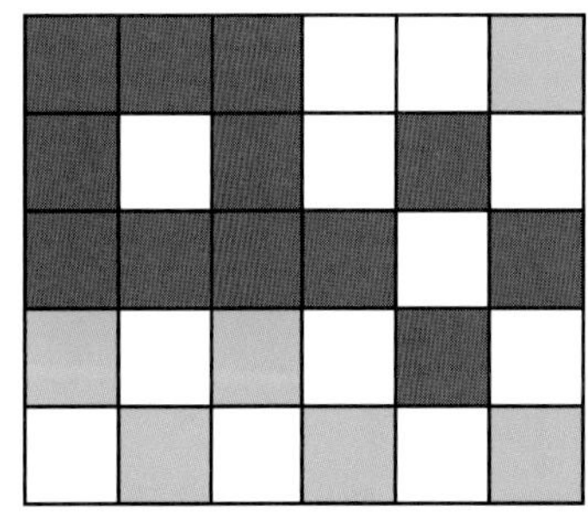

〈メモ〉

2	2	2			
2	0	2			
2	2	2			
1	0	1			
0	1	0			

タイルの　いろは　3しょくだよ。どの　かずが　どの　いろに　なるかを　よく　かんがえてね。

30 コンピュータの かんがえかた ③

月　日　じ　ふん～　じ　ふん

なまえ

てん

1 あおいさんは　こうえんに　いこうと　おもいます。
　こうえんまでの　みちで　こうじを　して　いる　ところには、かんばんが　あります。

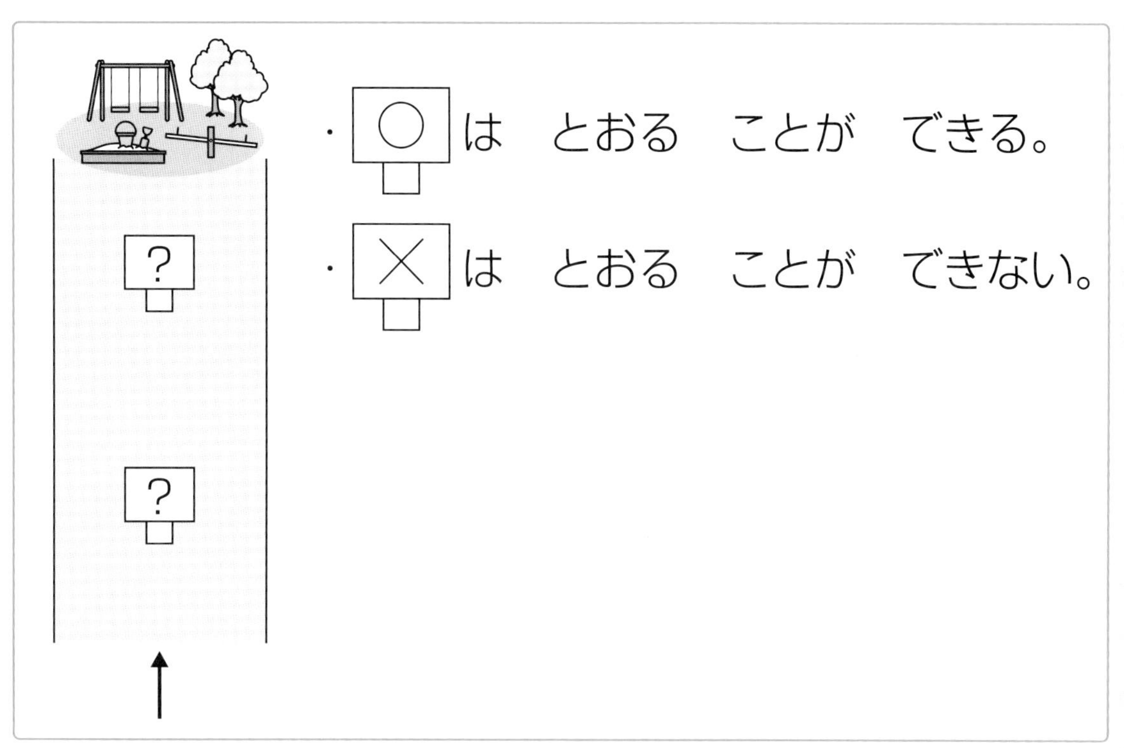

こうえんに　いく　ことが　できるのは　どれですか。

50てん

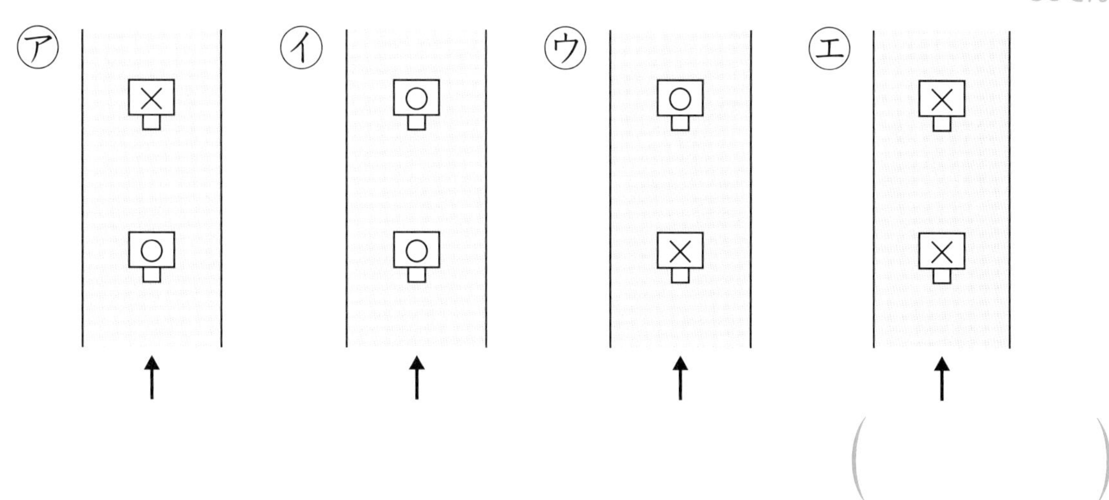

（　　　）

❷ ゆうまさんは　えきに　いこうと　おもいます。
　えきまでの　みちで　こうじを　して　いる　ところには、かんばんが　あります。

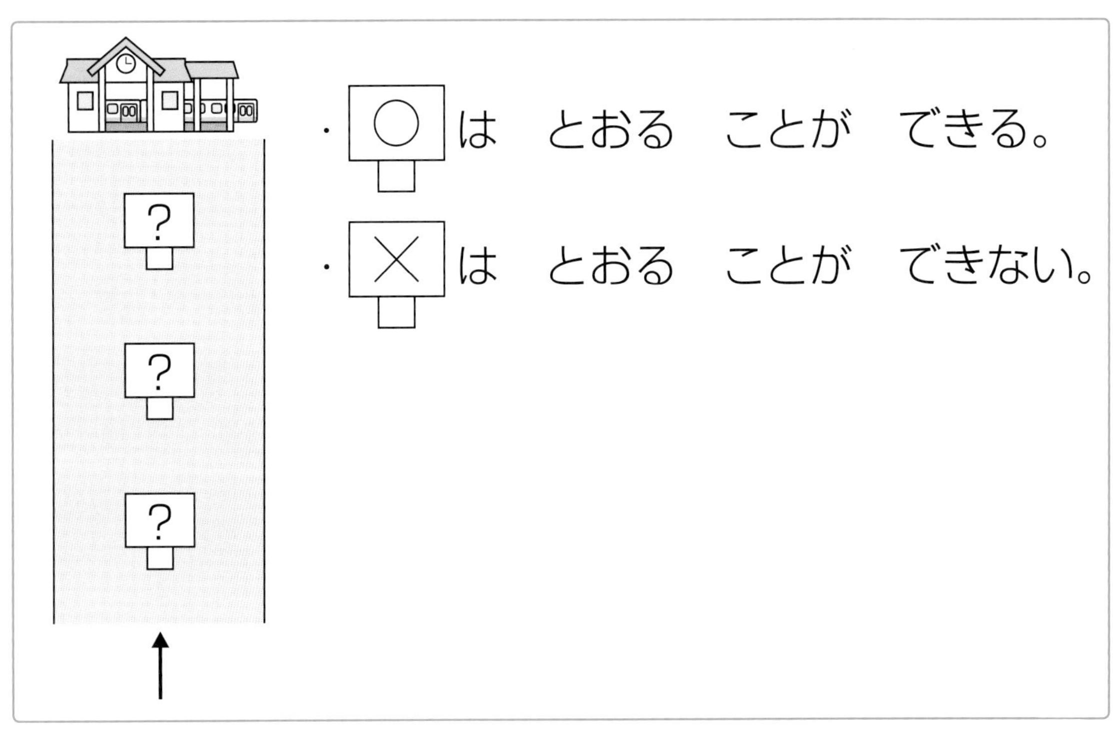

えきに　いく　ことが　できるのは　どれですか。

50てん

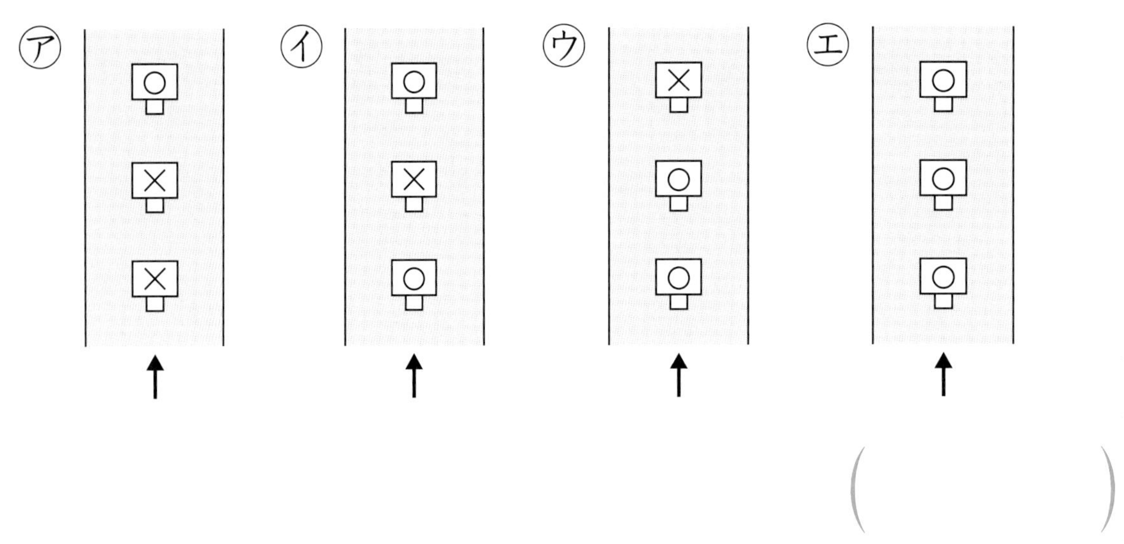

（　　　　）

とおれない　かんばんが　１つでも　あったら、その　みちは　とおる　ことが　できないね。

31 コンピュータの かんがえかた ④

1 ゆうまさんが　こうえんで　あそぶ　日を　つぎの　ひょうに　かきました。

よう日	日	月	火	水	木	金	土
ゆうま	×	○	×	○	×	○	×

ひろとさんが　こうえんで　あそぶ　日を　つぎの　ひょうに　かきました。

よう日	日	月	火	水	木	金	土
ひろと	×	×	○	○	○	×	×

ふたりで　いっしょに　こうえんで　あそぶ　ことが　できるのは　なんよう日ですか。　25てん

（　　　　）よう日

2 ゆうまさんが　こうえんで　あそぶ　日を　つぎの　ひょうに　かきました。

よう日	日	月	火	水	木	金	土
ゆうま	×	○	×	○	×	○	×

そうたさんは　火よう日と　木よう日と　金よう日に　こうえんで　あそびます。

ふたりで　いっしょに　こうえんで　あそぶ　ことが　できるのは　なんよう日ですか。　25てん

（　　　　）よう日

3 あおいさんは　日(にち)よう日(び)と　月(げつ)よう日と　木(もく)よう日に　こうえんで　あそびます。みさきさんは　月よう日と　火(か)よう日と　金(きん)よう日に　こうえんで　あそびます。

ふたりで　いっしょに　こうえんで　あそぶ　ことが　できるのは　なんよう日ですか。　25てん

よう日	日	月	火	水(すい)	木	金	土(ど)
あおい							

よう日	日	月	火	水	木	金	土

（　　　　　）よう日

4 ゆうなさんは　月よう日と、金よう日に　こうえんで　あそびます。みさきさんは　月よう日と　火よう日と　金よう日に　こうえんで　あそびます。

ふたりで　いっしょに　こうえんで　あそぶ　ことが　できるのは　なんよう日と　なんよう日ですか。　25てん

よう日	日	月	火	水	木	金	土

よう日	日	月	火	水	木	金	土

（　　　　　）よう日と（　　　　　）よう日

①の　ような　ひょうに　すると　わかりやすいよ。○が　そろった　よう日が　いっしょに　あそべる　よう日だね。

32 コンピュータの かんがえかた ⑤

月　日　じ　ふん～　じ　ふん

なまえ　　　　てん

1 あおいさんは　カップケーキを　かいに　いきました。
メニューから　クリームと　クッキーを　えらびます。

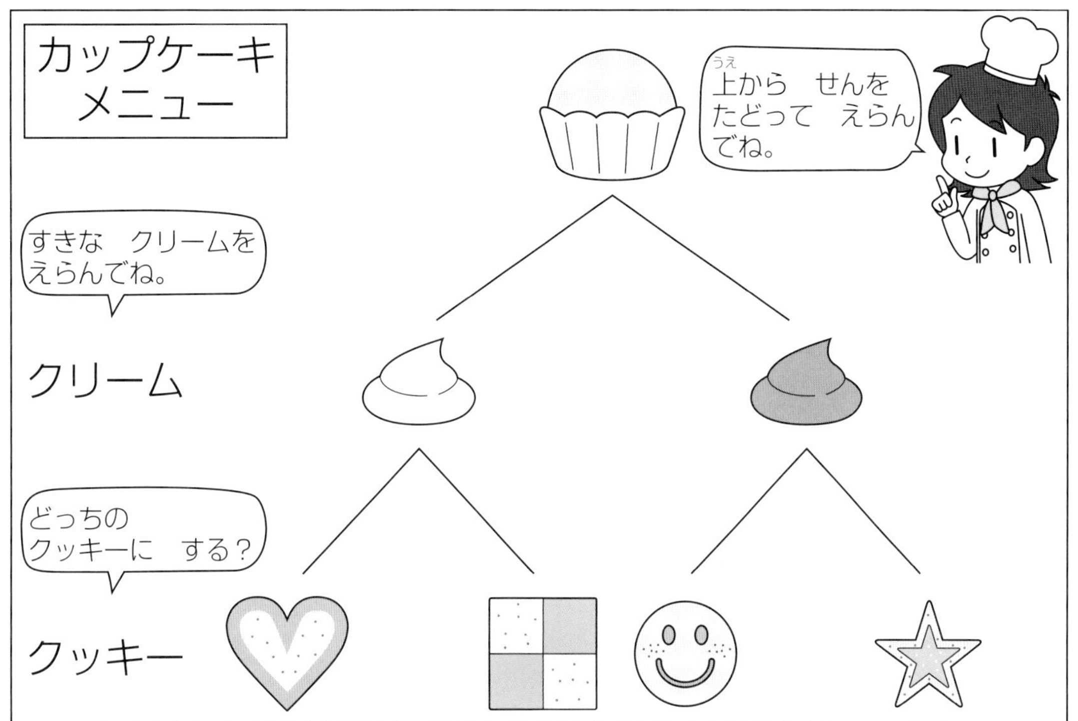

かう　ことが　できる　カップケーキは　どれですか。

40てん

ア 　イ 　ウ 　エ 

（　　　）

❷ みさきさんは　クリームと　フルーツを　メニューから　えらんで　カップケーキを　かいます。60てん(1つ30)

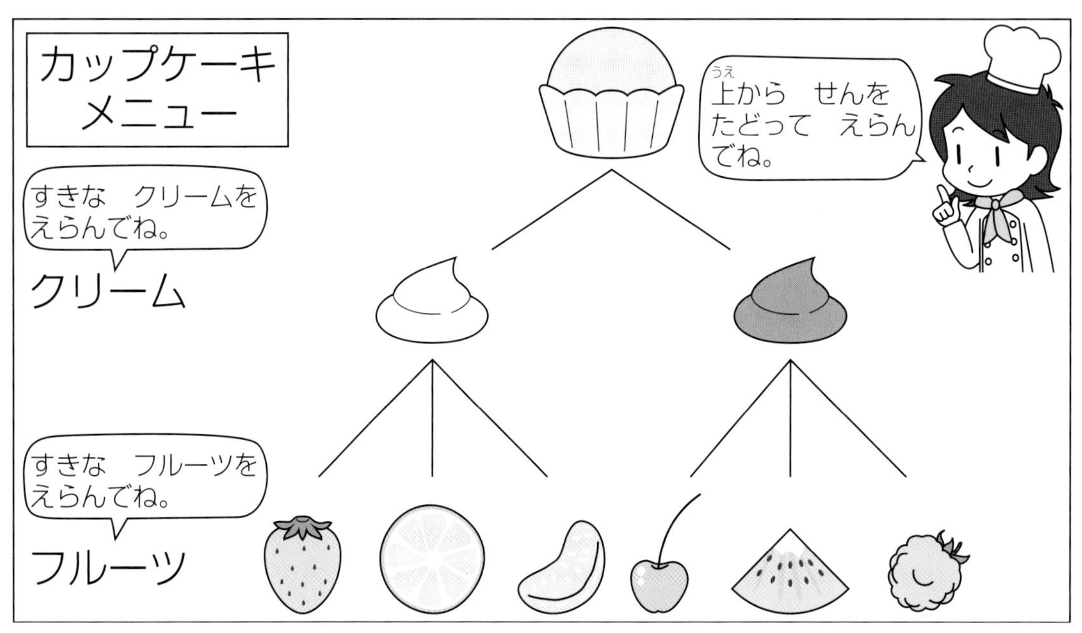

① つぎの　カップケーキの　中で　かう　ことが　できるのは　どれですか。ぜんぶ　かきましょう。

(　　　　　　)

② かう　ことが　できる　カップケーキは、ぜんぶで　なんしゅるい　ありますか。

(　　　　　)しゅるい

上から　せんを　たどって　いくよ。せんが　ない　ところには　いけないよ。

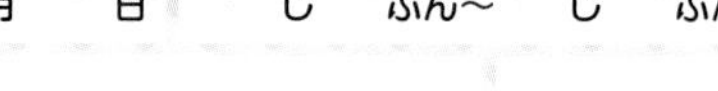

なまえ

てん

33 コンピュータのかんがえかた ⑥

1

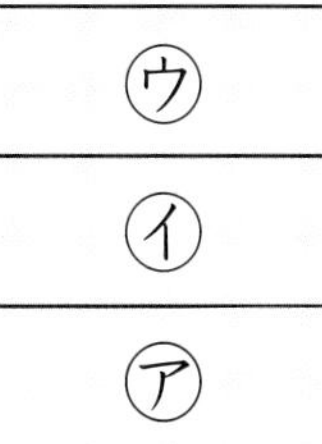

つみきを　つんで　とうを　つくりました。ロボットを　つぎの　とおりに　うごかして、つみきを　とりだします。

・つみきを　上(うえ)から　じゅんに　1つずつ　とる。
・つみきを　もどす　ときは、さいしょと　おなじに　なるように　1つずつ　上に　つむ。

㋑の　つみきは　つぎのように　とりだします。

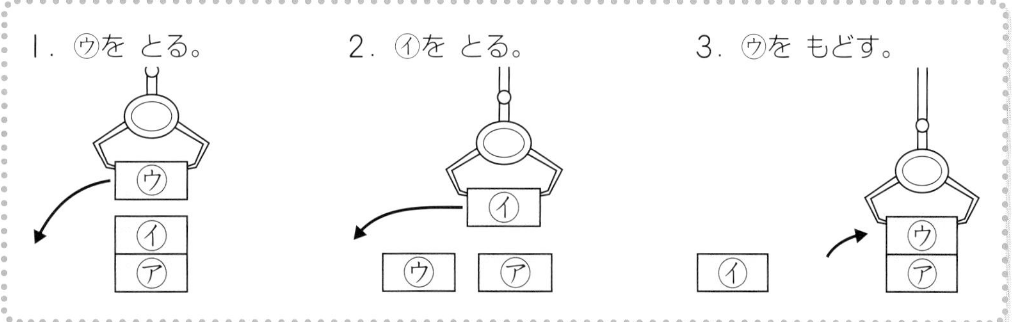

つぎの　つみきから　㋐を　とりだす　とき、ロボットに　どのように　めいれいすれば　いいですか。(　　)に　めいれいを　かきましょう。

40てん(1つ10)

ウ
イ
ア

1. ㋒を　とる。
2. (　　　　　)を　とる。
3. (　　　　　)を　とる。
4. (　　　　　)を　もどす。
5. (　　　　　)を　もどす。

㋐を　とった　あとは、㋑と　㋒を　さいしょと　おなじに　なるように　もどすよ。

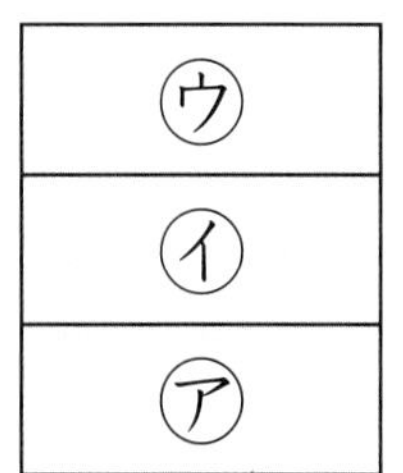

2

㋓
㋒
㋑
㋐

ロボットを　うごかして　つみきの　とうから　㋑を　とりだす　とき、ロボットに　どのように　めいれい　すれば　いいですか。めいれいを　じゅんばんに　ならべましょう。　20てん

・つみきを　上(うえ)から　じゅんに　1つずつ　とる。
・つみきを　もどす　ときは、さいしょと　おなじ　に　なるように　1つずつ　上に　つむ。

1．㋑を　とる。　2．㋒を　とる。　3．㋓を　とる。
4．㋒を　もどす。5．㋓を　もどす。

（　　　→　　　→　　　→　　　→　　　）

3 つぎの　つみきから　㋐を　とりだす　とき、ロボットに　どのように　めいれいすれば　いいですか。（　）に　めいれいを　かきましょう。　40てん(1つ10)

㋓
㋒
㋑
㋐

1．　㋓　を　とる。
2．（　　　）を　とる。
3．　㋑　を　とる。
4．　㋐　を（　　　）。
5．　㋑　を　もどす。
6．（　　　）を　もどす。
7．（　　　）を　もどす。

つみきは　いちばん　上に　ある　ものから　うごかす　ことが　できるよ。つみきを　とりだしたら　もどす　ことも　わすれないでね。

34 へんすう①

1 ロボットの　ロボタは　さいごに　つたえられた　ことばを　おぼえます。

ロボタに　「クッキー」を　おぼえて　ほしい　ときは　つぎのように　つたえます。

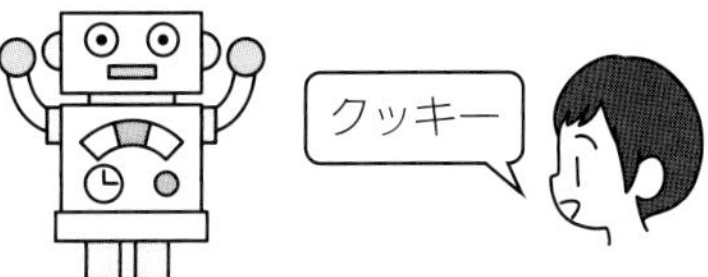

ロボタ←"クッキー"

ゆうまさんは　ロボタに　つぎの　じゅんで　つたえました。

ロボタ←"キャラメル"
ロボタ←"わたあめ"
ロボタ←"クレープ"

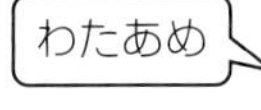

ロボタが　おぼえて　いる　ことばは　どれですか。

40てん

㋐　クッキー
㋑　キャラメル
㋒　わたあめ
㋓　クレープ

ロボタは　さいごの　ことばだけを　おぼえて　いるよ。

（　　　）

2 ロボタは　さいごに　つたえられた　ことばを　おぼえます。　60てん(1つ30)

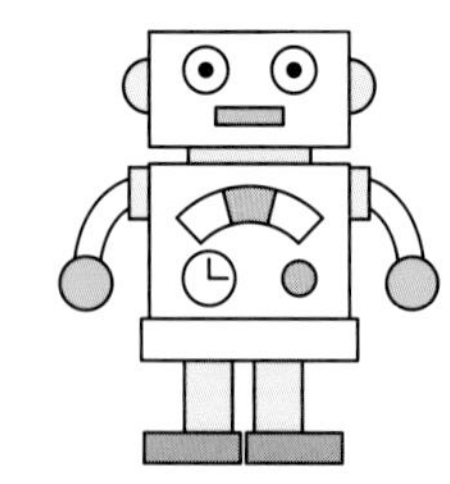

あおいさんは　ロボタに　つぎの　じゅんで　つたえました。

ロボタ←"あお"
ロボタ←"ピンク"
ロボタ←"みどり"

① ロボタが　おぼえて　いる　ことばは　どれですか。

㋐ あお　　㋑ ピンク
㋒ みどり　㋓ あか

(　　　)

② ロボタが「きいろ」を　おぼえて　いるのは　どの　つたえかたですか。

㋐
ロボタ←"しろ"
ロボタ←"あか"
ロボタ←"きいろ"

㋑
ロボタ←"あか"
ロボタ←"きいろ"
ロボタ←"しろ"

㋒
ロボタ←"きいろ"
ロボタ←"しろ"
ロボタ←"あか"

(　　　)

ロボタは　いくつ　ことばを　つたえても　さいごの　ことばしか　おぼえて　いないよ。

35 へんすう②

月　日　じ　ふん～　じ　ふん
なまえ
てん

1 ロボットは　さいごに　つたえられた　ことばを　おぼえます。あおいさんは　つぎのように　ロボット１ごうと　ロボット２ごうに　ことばを　つたえました。

40てん(1つ10)

ロボット１ごう←"こんにちは"
ロボット２ごう←"ハロー"

① ロボット１ごうと　ロボット２ごうが　おぼえて　いる　ことばを（　）に　かきましょう。

１ごう（　　　　　）

２ごう（　　　　　）

② ゆうまさんは　ロボット２ごうに　ロボット１ごうが　おぼえて　いる　ことばを　おぼえるように　めいれいしました。

ロボット２ごう←ロボット１ごう

ロボット１ごうと　ロボット２ごうが　おぼえて　いる　ことばを（　）に　かきましょう。

１ごう（　　　　　）

２ごう（　　　　　）

ロボット２ごうは、ロボット１ごうが　おぼえて　いる　ことばを　おぼえるよ。

2 ロボットは　さいごに　つたえられた　ことばを　おぼえます。あおいさんは　つぎのように　ロボット１ごうと　ロボット２ごうに　ことばを　つたえました。

60てん(1つ15)

ロボット１ごう←"ありがとう"
ロボット２ごう←"サンキュー"

① ロボット１ごうと　ロボット２ごうが　おぼえて　いる　ことばを（　）に　かきましょう。

１ごう（　　　　　　）

２ごう（　　　　　　）

② はるとさんは　ロボット１ごうに　ロボット２ごうが　おぼえて　いる　ことばを　おぼえるように　めいれいしました。

?

ロボット１ごう←ロボット２ごう

ロボット１ごうと　ロボット２ごうが　おぼえて　いる　ことばを（　）に　かきましょう。

１ごう（　　　　　　）

２ごう（　　　　　　）

ロボットは　いま　どちらの　ことばを　おぼえて　いるのかな。１つずつ　じゅんばんに　せいりして　かんがえよう。

36 へんすう③

月　日　じ　ふん〜　じ　ふん

なまえ　　てん

1 さくらさんは　木(き)の　はしを　ジャンプして　わたります。

・ジャンプ力は　はじめに　きめる。
・ジャンプ力は　とちゅうで　かえる　ことは　できない。
・はしの　いたが　こわれて　いる　ところは、ふまずに　とびこえる。

・ジャンプ力が　1のとき

ジャンプ力
1

・ジャンプ力が　2のとき

ジャンプ力
2

⋮

つぎの　はしを　わたる　とき、こわれた　ところを　さけて、むこうがわに　つくには、ジャンプ力を　いくつに　すれば　いいですか。　20てん

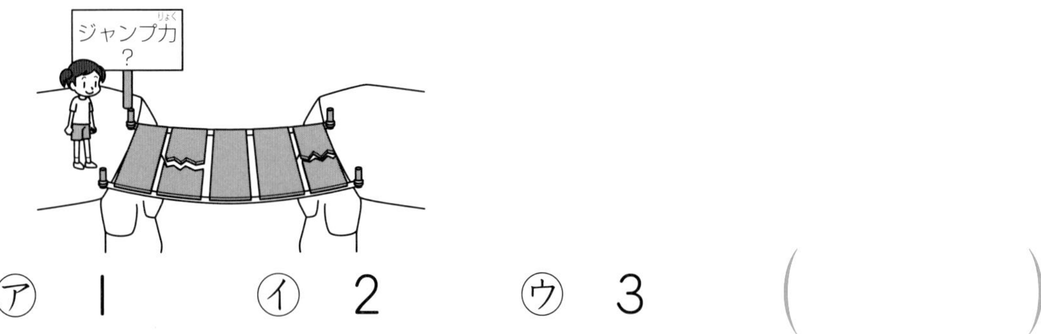

㋐ 1　　㋑ 2　　㋒ 3　　（　　）

❷ さくらさんは　木(さ)の　はしを　ジャンプして　わたろうと　して　います。はしの　いたが　こわれた　ところは、ふまずに　とびこえます。こわれた　ところを　さけて、むこうがわに　つくには、ジャンプ力(りょく)を　いくつに　すれば　いいですか。

80てん(①20、②、③30)

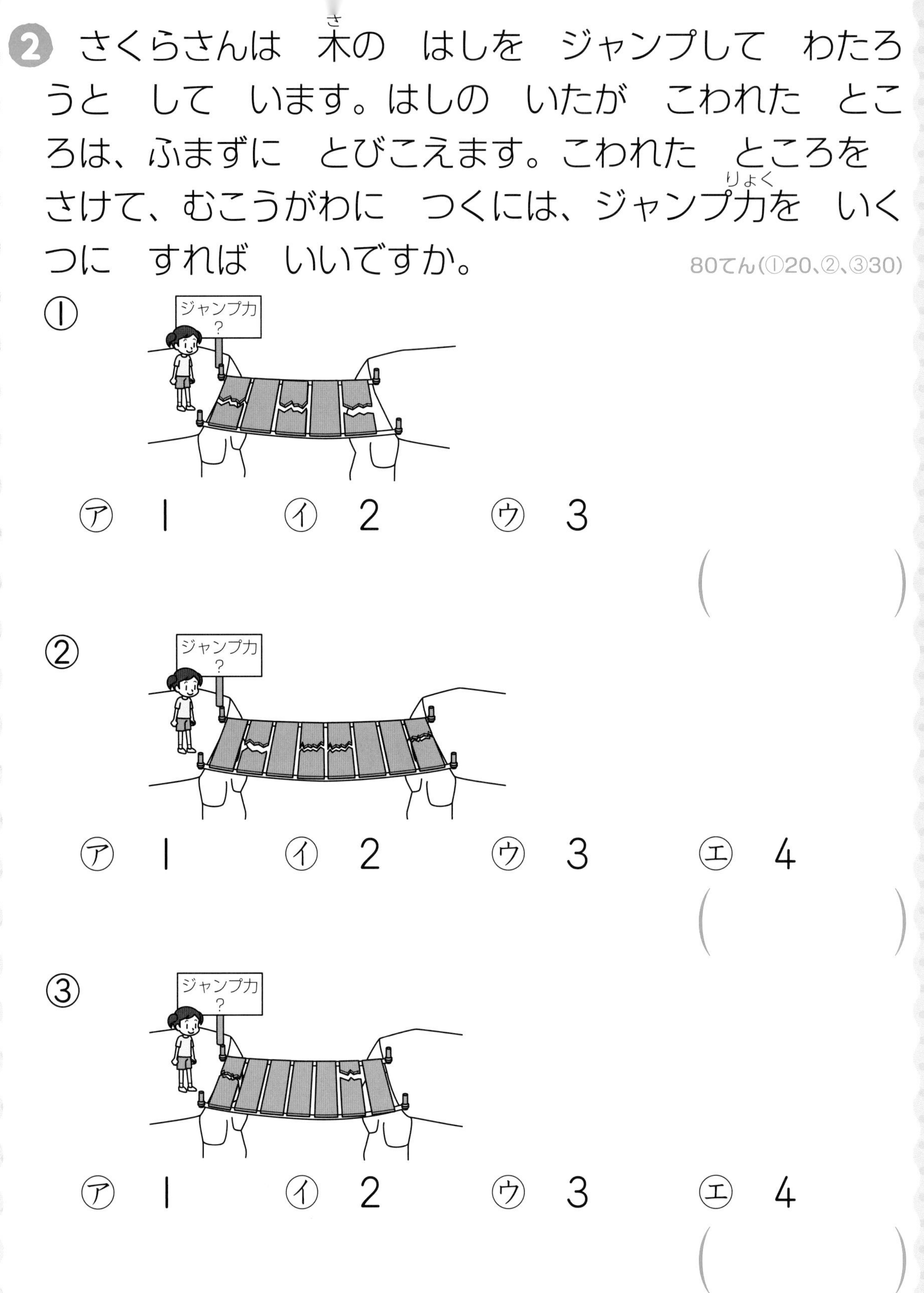

①

㋐ 1　　㋑ 2　　㋒ 3

(　　　)

②

㋐ 1　　㋑ 2　　㋒ 3　　㋓ 4

(　　　)

③

㋐ 1　　㋑ 2　　㋒ 3　　㋓ 4

(　　　)

1つずつ　ずの　中(なか)で　ジャンプさせて　みると　かんがえやすいよ。

月　日　もくひょうじかん 15 ふん

なまえ　　てん

37 まとめの テスト ①

1 0の マスに 白、1の マスに みどり、2の マスに くろの タイルを はって かべに もようを つくります。

50てん(1つ25)

① つぎの メモを 見ながら かべに タイルを はると、どんな もようが できますか。

〈メモ〉

1	0	2
0	2	0
2	0	1

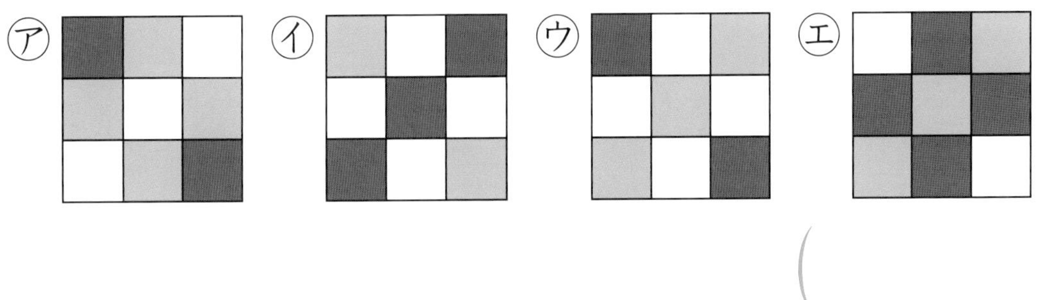

（　　　）

② タイルを はって かべに つぎのような もようを つくりました。どんな メモを 見て つくりましたか。メモの あいて いる ところに かずを かきましょう。

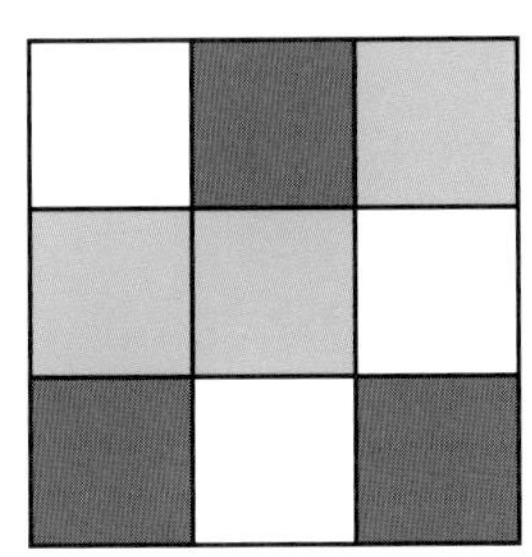

〈メモ〉

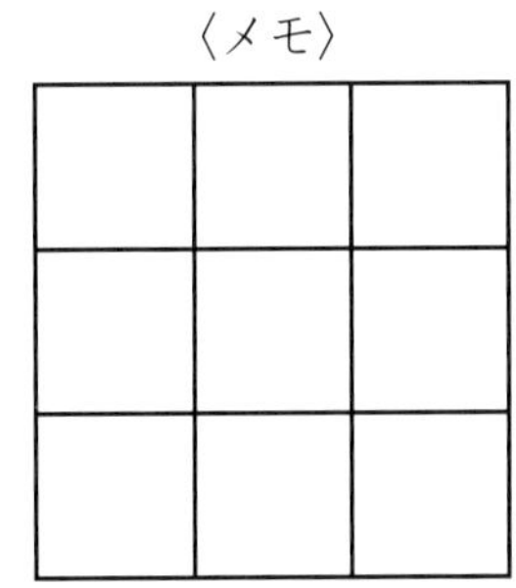

2 ロボットを　うごかして　つみきの　とうから　㋐を　とりだす　とき、ロボットに　どのように　めいれいすれば　いいですか。
（　　）に　めいれいを　かきましょう。

㋒
㋑
㋐

25てん(1つ5)

・つみきを　上(うえ)から
じゅんに　１つずつ　とる。
・つみきを　もどす　ときは、
さいしょと　おなじに
なるように　１つずつ
上に　つむ。

1.　㋒　を（　　　）。
2.（　　　）を　とる。
3.（　　　）を　とる。
4.　㋑　を　もどす。
5.（　　　）を（　　　）。

3 ロボタは　さいごに　つたえられた　ことばを　おぼえます。さくらさんは　ロボタに　つぎの　じゅんで　つたえました。

25てん

ロボタ←"おんがく"
ロボタ←"さんすう"
ロボタ←"こくご"
ロボタ←"たいいく"

ロボタが　おぼえて　いる　ことばは　どれですか。

㋐　こくご　　㋑　たいいく
㋒　さんすう　　㋓　おんがく

（　　　）

38 しあげの ドリル1

月　日　もくひょうじかん15ふん

なまえ

てん

1 あおいさんは　かめの　ロボットを　うごかして、せんを　かきます。⇧と　↰を　つかって　ロボットに　めいれいします。

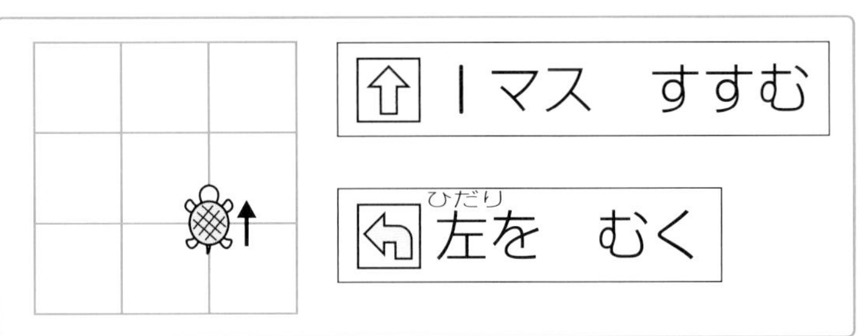

ロボットに　⇧ ↰ ⇧と　めいれいすると
つぎのように　うごきます。

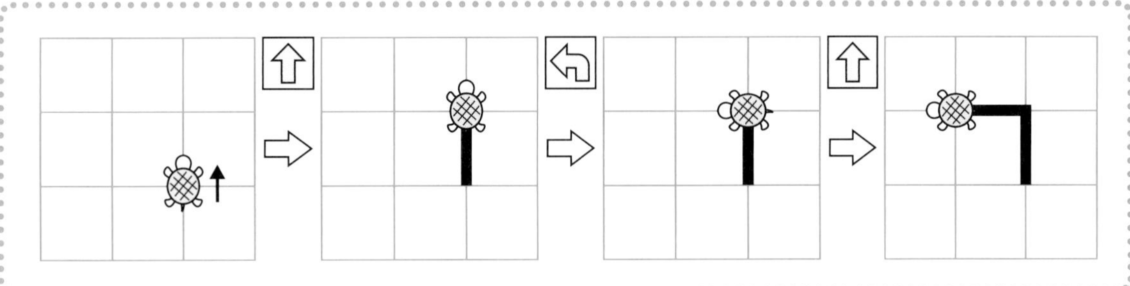

あおいさんは　ロボットに　つぎのような　しかくを　かく　めいれいを　します。

㋐～㋓の　どれが　正（ただ）しい　めいれいですか。　30てん

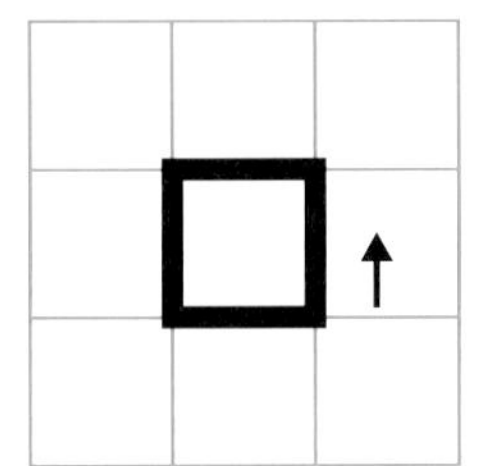

㋐ ⇧ ↰ ⇧ ↰ ↰ ↰ ⇧ ⇧

㋑ ↰ ⇧ ↰ ⇧ ↰ ⇧ ↰ ⇧

㋒ ⇧ ⇧ ⇧ ⇧

㋓ ⇧ ↰ ⇧ ↰ ⇧ ↰ ⇧ ↰

（　　　）

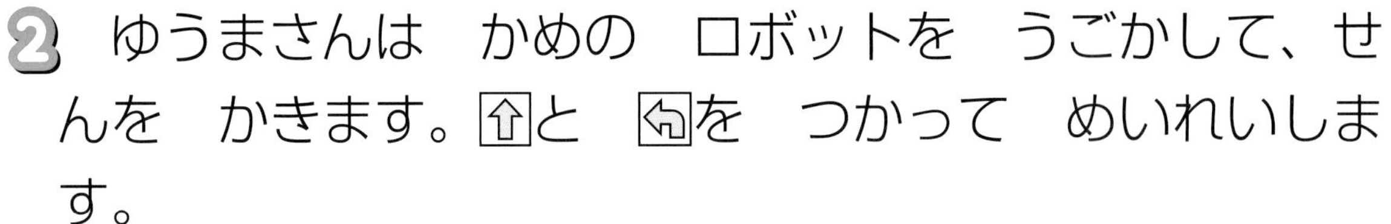

2 ゆうまさんは　かめの　ロボットを　うごかして、せんを　かきます。[⇧]と　[↰]を　つかって　めいれいします。

① つぎのような　しかくを　かく　とき、㋐〜㋓の　どれが　正(ただ)しい　めいれいですか。　30てん

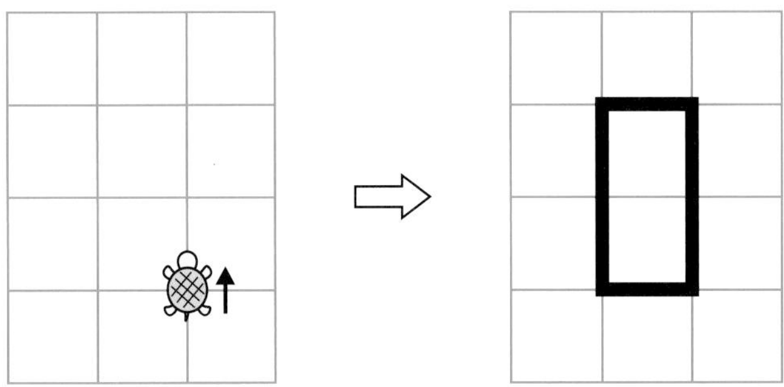

㋐ [⇧] [↰] [⇧] [⇧] [↰] [⇧] [↰] [⇧] [⇧] [↰]

㋑ [↰] [⇧] [⇧] [↰] [⇧] [↰] [⇧] [⇧]

㋒ [⇧] [⇧] [↰] [⇧] [↰] [⇧] [⇧] [↰] [⇧] [↰]

㋓ [⇧] [⇧] [⇧] [↰] [⇧] [⇧] [⇧]

（　　　）

② つぎのような　しかくを　かく　とき、ロボットに　どのように　めいれいすれば　いいですか。あいて　いる　ところに　⇧か　↰が　入(はい)ります。（　）に　どちらかを　かきましょう。　40てん(1つ10)

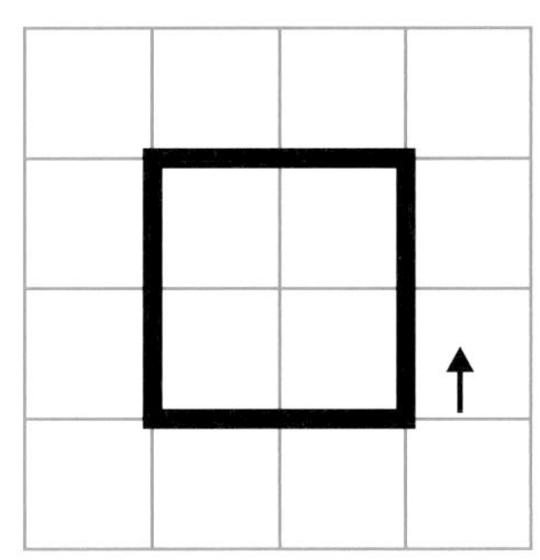

[⇧] [　] [↰] [　] [⇧] [↰] [⇧] [⇧] [　] [⇧] [　] [↰]

（　　）（　　）　　（　　）（　　）

39 しあげの ドリル2

1 さくらさんは　かめの　ロボットを　うごかして、せんを　かきます。⇧と　⇦を　つかって　めいれいを　します。

⇧　1マス　すすむ	⇦　左(ひだり)を　むく

① ロボットに　つぎのような　めいれいを　した　とき、どのような　せんが　かけますか。　20てん

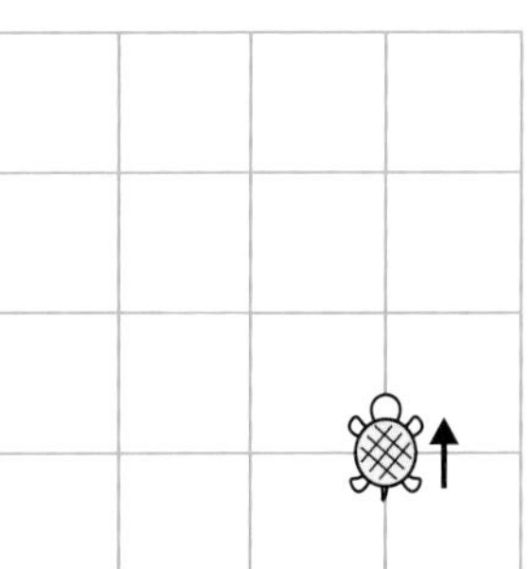

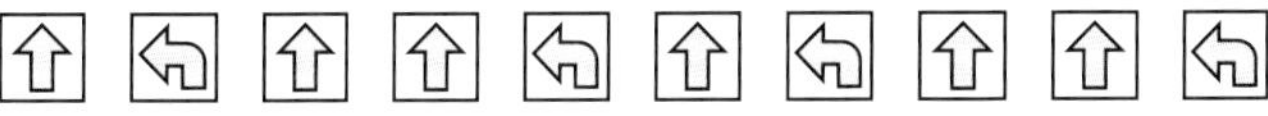

㋐ 　㋑ 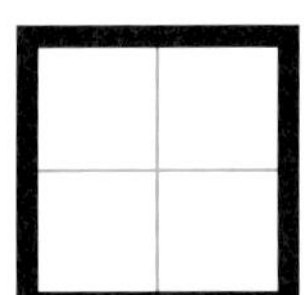　㋒ 　㋓ 

（　　　　）

② ロボットに　つぎのような　めいれいを　した　とき、どのような　せんが　かけますか。　30てん

⇧ ⇧ ⇧ ⇦ ⇧ ⇦ ⇧ ⇧ ⇧ ⇦ ⇧ ⇦

㋐ 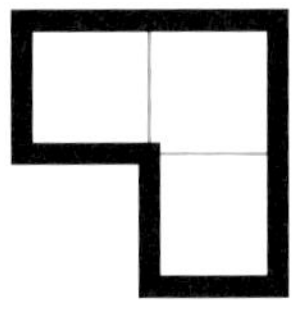　㋑ 　㋒ 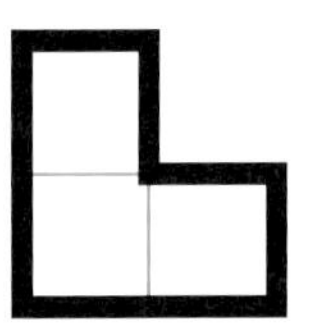　㋓ 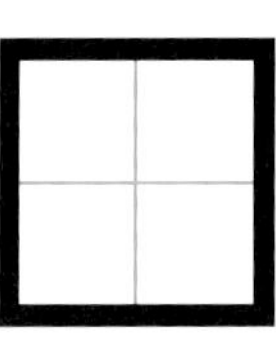

（　　　　）

2 そうたさんは　かめの　ロボットを　うごかして、せんを　かきます。⇧と　↰を　つかって　めいれいを　します。

⇧　｜マス　すすむ	↰　左(ひだり)を　むく

① ロボットに　つぎのような　めいれいを　した　とき、どのような　せんが　かけますか。

20てん

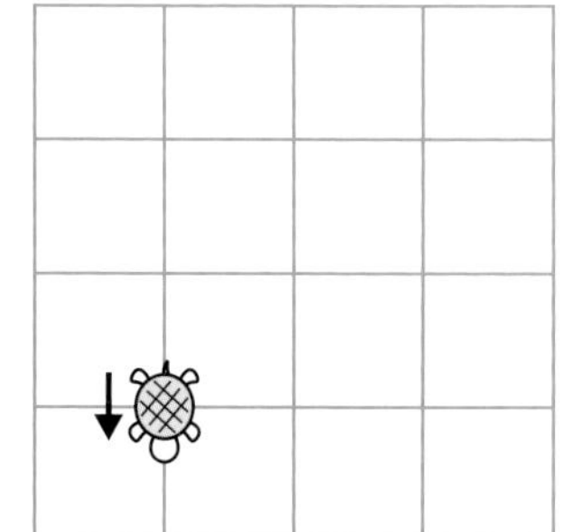

↰ ⇧ ⇧ ↰ ⇧ ⇧ ↰ ⇧ ⇧ ↰ ⇧ ⇧

㋐ 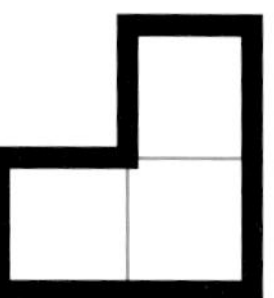

 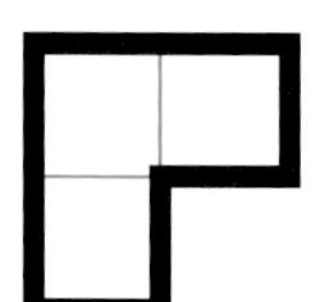

㋒ 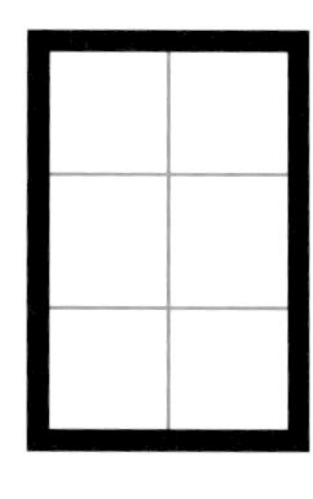

 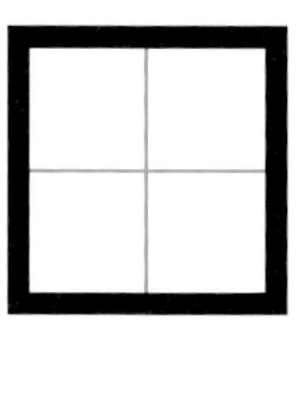

(　　　　)

② ロボットに　つぎのような　めいれいを　しました。どのような　せんが　かけますか。ずに　かきましょう。

30てん

⇧ ⇧ ⇧ ↰ ⇧ ↰ ⇧ ⇧ ⇧ ↰ ⇧ ↰

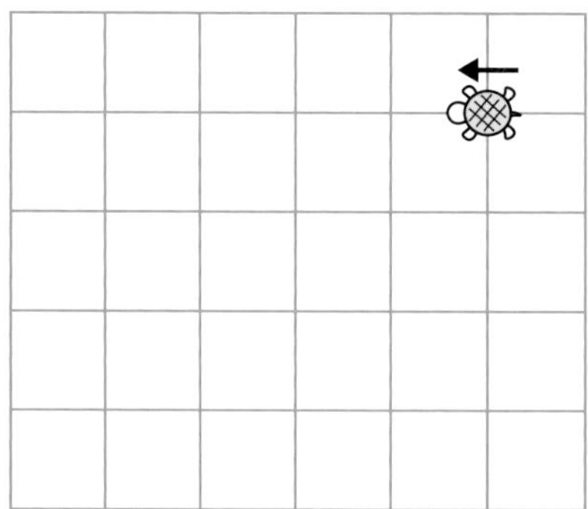

1 じゅんじょ①

1. ㋒→㋑→㋐
2. ①㋑→㋓→㋐→㋒
   ②㋑→㋒→㋐→㋓
   ③㋑→㋓→㋒→㋐

おうちの方へ コンピュータは命令を１つずつ順番に実行しています。これを「順次処理」といいます。順次処理はプログラムの基本的な動きの１つです。プログラミングでは、命令を実行する順番が大切です。例えば、次のように、置く図形の種類は同じでも、命令する順番が違うとコンピュータは違う動きをします。

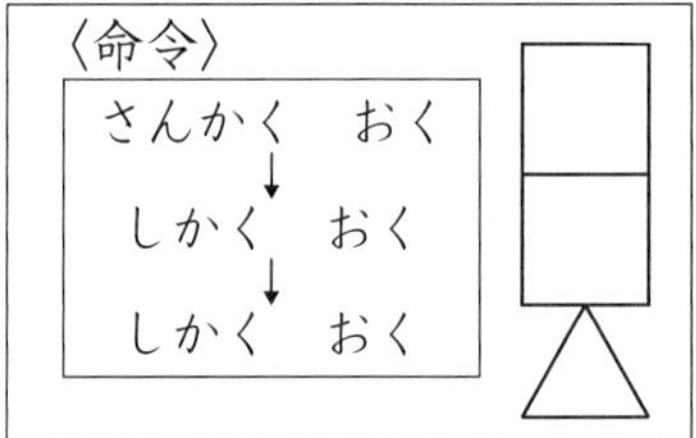

↓ 「さんかく　おく」の命令の順番を変えると、

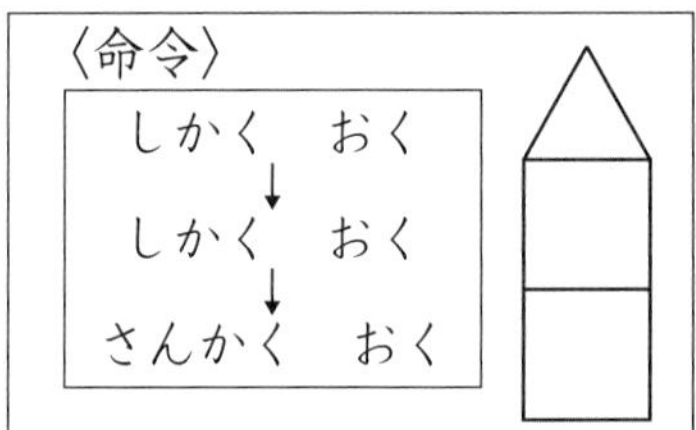

この問題では、つみきを上から順に取っていく手順を考えることを通して、順次処理について考えます。

1. まず、いくつのつみきで家ができているのかを確認しましょう。そして、一番上にあるつみきはどれかを考えます。つみきの上に何も置かれていないものが一番上にあるつみきです。そのつみきを取ったとき、一番上にくるつみきがどれかをつみきが無くなるまで繰り返し考えてみましょう。

2 じゅんじょ②

1. ①㋓→㋐→㋑→㋒
   ②㋑→㋓→㋐→㋒
   ③㋐→㋑→㋓→㋒
2. ①㋐→㋒→㋑→㋓
   ②㋓→㋒→㋐→㋑
   ③㋑→㋓→㋐→㋒

おうちの方へ つみきを１つずつ積んでいく手順を考えることを通して、順次処理について考えます。

1. じゅんじょ①では、上から１つずつつみきを取っていく手順を考えましたが、この問題では、つみきを１つずつ積んでいく手順を考えます。一番下にあるつみきがどれか、その次のつみきがどれかということを順に指を指しながら考えましょう。
2. 同じ形でも色の違うつみきがあります。間違えないように気をつけましょう。

3 じゅんじょ③

1 ㋒→㋐→㋑
2 ㋑→㋐→㋒
3 ㋓→㋐→㋒→㋑

おうちの方へ シールを貼っていく手順を考えることを通して、順次処理について考えます。

1 シールを重ねて貼っていくので一番背面にあるシールが最初に貼ったものになります。一番下にあるシールがどれか、その上にはどのシールを重ねて貼ればよいかを考えてみましょう。

2 車とタイヤが重なるところに注目して、どちらが背面にあるかに気をつけましょう。

3 まず、お皿(㋓)とケーキ(㋐)のシールが重なるところに注目し、どちらが背面にあるのかを考えましょう。次に、ケーキ(㋐)といちご(㋒)の重なるところに注目しましょう。最後に、いちご(㋒)とホイップクリーム(㋑)の重なるところに注目しましょう。また、ケーキ(㋐)とホイップクリーム(㋑)などで比べてもどちらが背面にあるかを考えることもできますが、その場合は、間にいちご(㋒)が入ることに注意しましょう。

4 じゅんじょ④

1 ㋓
2 ㋓
3

△	○	☆

おうちの方へ この問題では、指示された順番通りにカードに絵をかいていきます。コンピュータのプログラムでも同じように先にかかれた命令から順に実行します。

1 1の命令から順にカードに絵をかいていきます。実際にカードに絵をかきながら考えましょう。絵がかけたら、選択肢からかいた絵に近いカードを選びましょう。

2 右下や右上、左下がわからない場合は、「右へ行って下に行く」など指でたどりながら、どの場所に図形をかけばよいかを考えてみましょう。

3 カードの形が今までの問題と違い、複数のブロックに分かれていますが、右、左、真ん中がどこにあたるかを考えて、形をかきましょう。

5 じゅんじょ⑤

1 ㋒

2 ①㋓

②㋑

おうちの方へ フローチャートはプログラムの処理の流れを表した図です。フローチャートでは、はじまりとおわりを（　　）で表し、処理の内容を長方形で表します。プログラムの流れは上から下へとかきます。

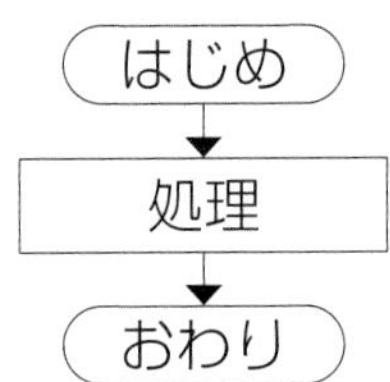

フローチャートで示された通りにカードに絵をかいていくことを通して、順次処理について考えます。

1 長方形の中にかかれた内容を上から順におこないます。上から順に絵をかいていくと、どのような絵をかくことができるか考えてみましょう。

6 じゅんじょ⑥

1 ㋒

2 ㋑

おうちの方へ フローチャートで示された通りにロボットを動かしたときのロボットの軌跡を考えます。

1 「1マス　すすむ」の命令をフローチャートの通りに実行するとロボットはどこまで動くのか、マスの上でロボットの動きを指でたどりながら考えましょう。

2 「左を　むく」という命令では、ロボットの向きが変わり、マスは移動しないことに気をつけましょう。

7 じゅんじょ⑦

1 ①㋐

②㋒

2 ①㋑

②㋐

おうちの方へ

2 ①ロボットが動いた後の図から、ロボットに送る命令がどれかを考えます。フローチャートの命令を1つずつ実行し、「？」の部分にどの命令をあてはめればよいかを考えましょう。

②命令が長くなっているので、1つ1つの動きを指やペンでなぞりながら考えてみましょう。「左を　むく」「1マス　すすむ」の実行が終わった段階では、ロボットは私たちから見て左の方を向いています。この状態からロボットをどう動かして、2マス進んだらいいかを考えます。ロボットを私たちから見て下の方を向かせるには、「左を　むく」命令をすればいいことに気をつけましょう。

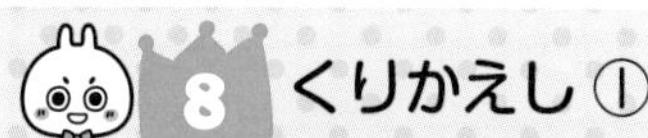

8 くりかえし①

1 ①

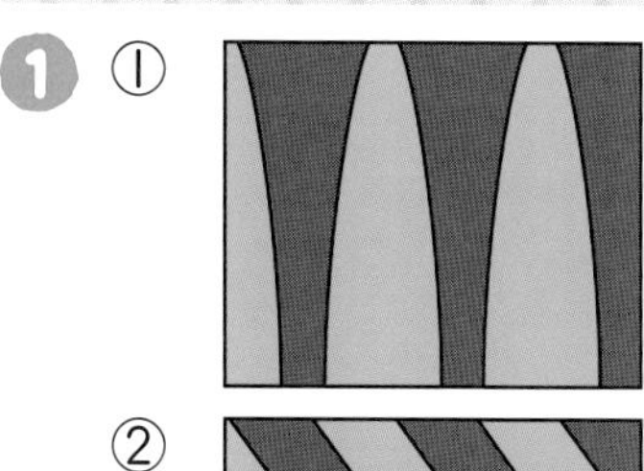

②

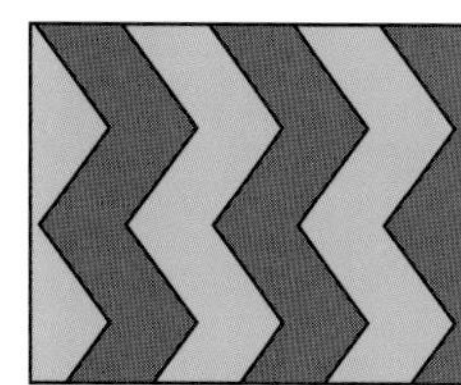

2 ①

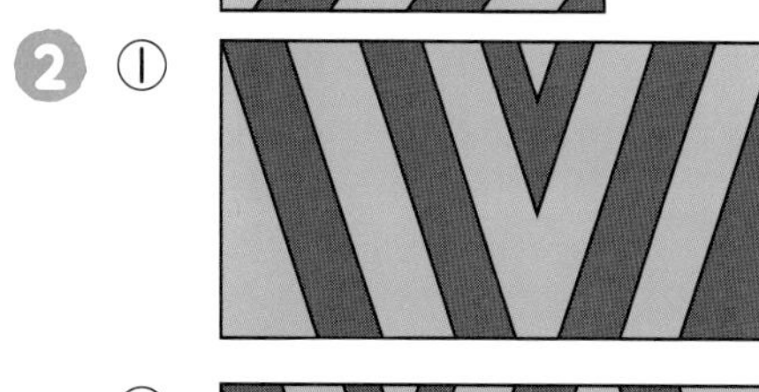

②

おうちの方へ コンピュータは同じ命令を繰り返し実行することを得意としています。複数の命令を1つのまとまりとして繰り返し実行することを「反復処理」といいます。反復処理も、順次処理と同じくプログラムの基本的な動きの1つです。

この問題では、交互に色を塗ることを繰り返すことで、反復処理を体験します。

1 緑色と黒色を交互に塗ることを塗るところが無くなるまで繰り返します。どの色を先に塗るのか、次に何色を塗るのかを確認しながら取り組みましょう。

9 くりかえし②

1 ①㋑

②㋐

2 ①

②

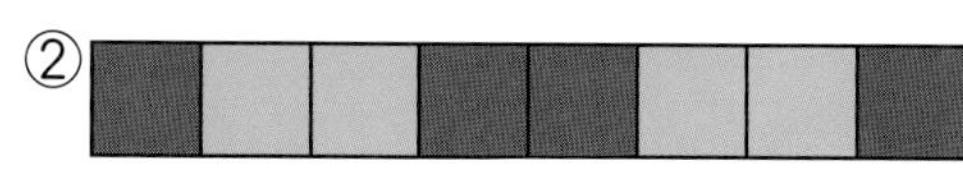

おうちの方へ メモに書かれた複数の命令を1つのまとまりとして繰り返し実行することを通して、反復処理について考えます。

1 ①1つのまとまりがどれか考えましょう。?の部分が何色になるか考えてみましょう。

②メモに書かれている

2まい　みどりいろで　ぬる 2まい　くろいろで　ぬる

が図のどこにあたるのかを確認しましょう。また、2回繰り返すことが図のどこにあたるのかを確認しましょう。

2 ①メモに書かれた通りに色を塗りましょう。

②メモの文章が増えても今までと同じように考えましょう。「何枚を、何色で」塗るのかを確認してから、色を塗っていきましょう。

10 くりかえし③

1 ①㋐

②㋑

2 ㋑

3 ①㋐

②㋓

おうちの方へ 花を並べた1つのまとまりを繰り返し並べていくことを通して、反復処理について考えます。

1 ①メモにはがかかれているので、を1つのまとまりとして、3回繰り返し並べます。このとき、?にはどの花があてはまるのかを考えましょう。1つのまとまりを丸で囲むと考えやすくなります。

②3つの花を1つのまとまりとして考えます。これを2回同じように並べるとどうなるのかを考えてみましょう。

3 花の並びを元にメモにはどの順で花がかかれているかを考えましょう。以下はそれぞれのメモにかかれた花です。

①
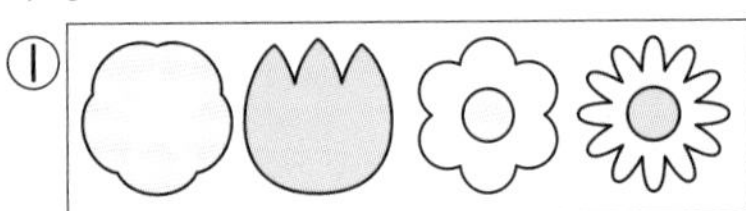

②

11 くりかえし④

1 ①㋐

②㋑

2 ①㋑

②㋑

③㋒

④㋒

⑤㋐

おうちの方へ 1つのまとまりを繰り返し並べていくことを通して、反復処理について考えます。

1 メモにかかれたくだものを1つのまとまりとして考えます。これを同じ順で繰り返し並べると、どのようになるのかを考えてみましょう。

2 どのような順でトランプが並べられているのかに着目し、1つのまとまりがどれかを考えましょう。1つのまとまりの並びがわかれば、?に入るトランプがわかります。

以下はそれぞれのまとまりです。

①  

②   

③   

④   

⑤  

12 くりかえし⑤

1 ㋑

2 ①㋑

②㋐

おうちの方へ フローチャートでは反復処理をおこなう処理を［反復はじまり］や［反復おわり］ではさむことで、繰り返し実行する処理の範囲を表します。［反復はじまり］や［反復おわり］の中には繰り返す条件や回数を記述します。

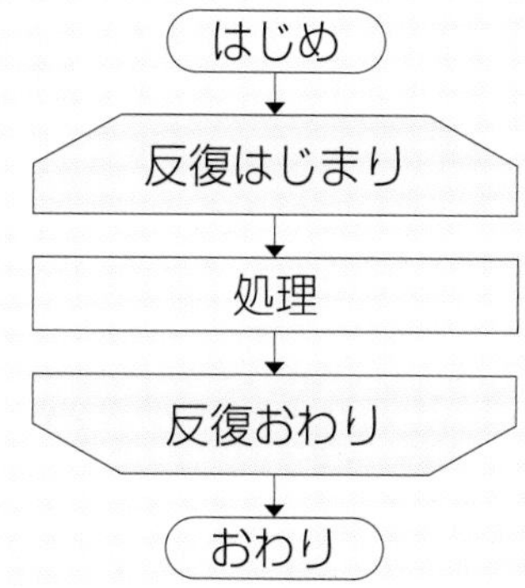

フローチャートで示された通りに花を並べるロボットの動きを考えることを通して、反復処理について考えます。

1 繰り返す内容と回数に気をつけましょう。それぞれの命令でロボットはどのように花を並べるのかを１つずつ考えましょう。

2 ②繰り返しの回数が①と異なることに気をつけましょう。

13 くりかえし⑥

1 ㋐

2 ①㋒

②㋐

おうちの方へ フローチャートで示された通りにひこうきのロボットの動きを考えることを通して、反復処理について考えます。

どの命令を何回繰り返すのか確認した後、指でロボットの動きをたどりながら考えましょう。以下はそれぞれのロボットの動きを表したものです。

1

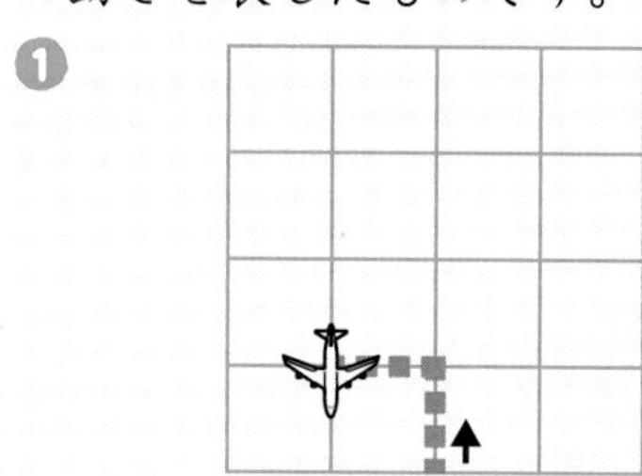

2 ①

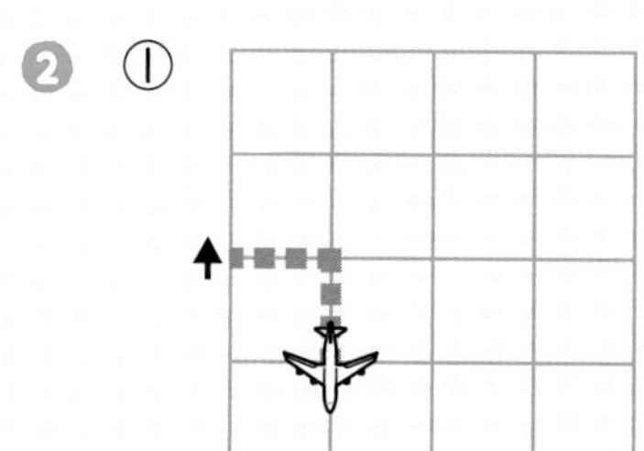

②

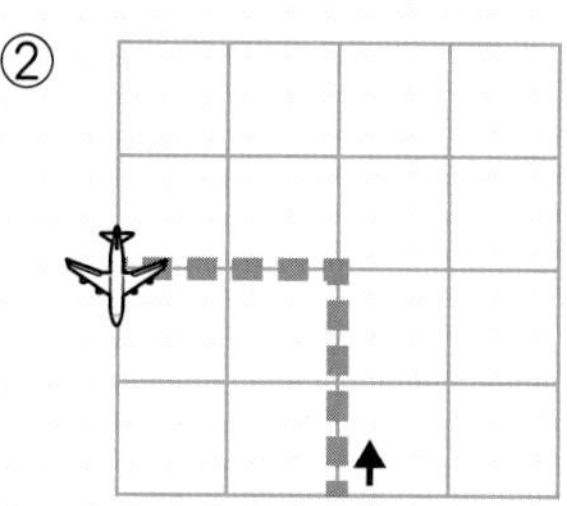

14 まとめの テスト

1 ㋐→㋓→㋒→㋑

2 ㋑

3 ①㋐

②㋒

③㋑

4 ㋓

おうちの方へ 順次処理、反復処理に関するまとめのテストです。

1 つみきを完成図の通りに積んでいく手順を考えます。下にあるつみきから順に積み上げていけば完成図の通りにつみきを積むことができます。

2 「左を　むく」では、その場を動かずに左を向くことに気をつけましょう。また、ロボットの進行方向にも注意しましょう。

3 花がいくつのまとまりで繰り返されているかを考えましょう。①と②は4つの花をひとまとまりとして、③は5つの花をひとまとまりとしています。

4 フローチャートからロボットの動きを読み取ります。「左を　むく→|マス　すすむ→|マス　すすむ」を2回繰り返すので、ロボットは㋓の場所にいきます。

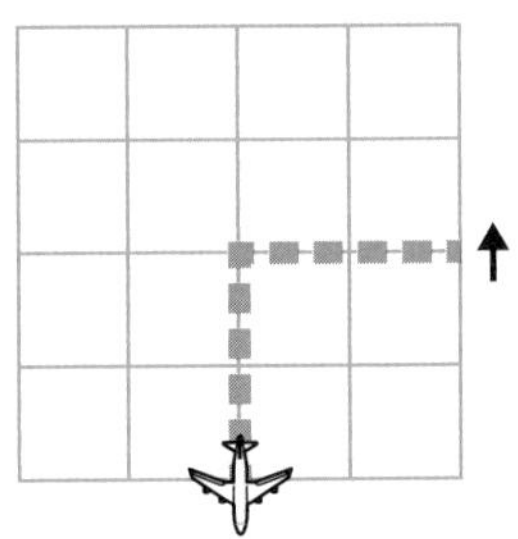

15 ぶんき①

1 ㋓

2 ㋒

おうちの方へ コンピュータは条件によって処理（動き）を変えることができます。これを「分岐処理」といいます。分岐処理も順次処理、反復処理と同じく、プログラムの基本的な動きの|つです。

この問題では、「分かれ道は右（左）に進む」という条件に従って、かめの進む道を考えることを通して、分岐処理について考えます。

1 分かれ道がどこにあたるか、右はどちらの方かを確認しながら考えましょう。

2 最初の分かれ道では右、次の分かれ道では左という条件を確認し、指でかめの動きをたどりながら考えてみましょう。

16 ぶんき②

1 ㋓

2 ①㋓

②㋐

おうちの方へ 車の進む道を考えることを通して、分岐処理について考えます。分岐箇所が3回に増えますが、2回のときと同じように考えます。

2 分かれ道で、左右のどちらに行けば目的地に着くかを考えます。紙の余白に「それぞれの分かれ道で左右のどちらに向かったのか」をメモすることは問題を解くときのヒントになります。

17 ぶんき③

1 ㋑

2 ①㋒

②㋑

おうちの方へ ひいたくじにかかれた形によって着る服や帽子を決めることを通して、分岐処理について考えます。

1 くじがどの服に対応するのかを考えましょう。

2 **1**は、くじにかかれている形と服にかかれている形が同じなので、対応しやすい問題でしたが、**2**は、くじにかかれている形が服や帽子にはかかれていないので、くじと服や帽子をしっかり対応させる必要があります。どのくじをひいたらどの服や帽子になるかを確認しながら考えましょう。

18 ぶんき④

1 ㋒

2 ㋐

おうちの方へ 条件にあてはまる場合とそうでない場合でタイルにかく絵が変わることを通して、分岐処理について考えます。

1 どの形のタイルのときにハート（♡）をかくのか、どの形のタイルのときに円（◯）をかくのかを考えます。今回は、四角のタイルのときにハート（♡）をかき、それ以外のときは円（◯）をかくので、そのとおりに絵がかかれたタイルがどれかを考えましょう。

2 条件が１つ増えています。わかりにくい場合は、紙の余白に四角形、円、三角形、六角形をかき、それぞれどんな形をかくのかをかき入れた後に、問題に取り組みましょう。

19 ぶんき⑤

1 ① □○ △♡ ⬡♡ △♡ □○ ⬡♡

② △♡ □○ △♡ □○ ⬡♡ ⬡♡

③ ⬡♡ △♡ □○ □○ △♡ ⬡♡

④ □○ △♡ □○ ⬡♡ □○ △♡

2 ① △● ○□ ◇○ ⏢○ ○□ ◇○

② ○□ ⏢○ △● ○□ ◇○ ⏢○

③ ⏢○ ○□ ⏢○ △● ○□ △●

④ ◇○ △● ○□ △● ⏢○ ◇○

おうちの方へ

1 空いているタイルに円やハートをかきこみます。タイルに絵をかく条件を確認し、問題に取り組みましょう。

2 条件が１つ増えて複雑になりますが、１つずつ順番に条件を確認しながらどの絵をかいたらよいのかを考えます。タイルの形と絵の形を間違えないように取り組みましょう。

20 ぶんき⑥

1 ㋒

2 ①㋓

②

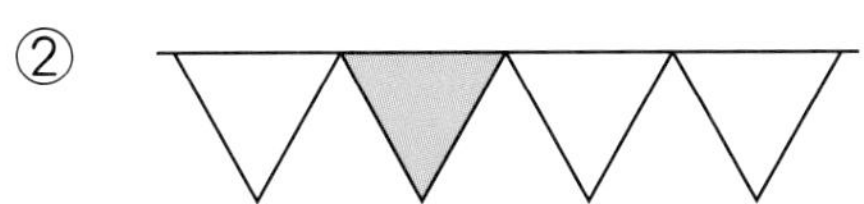

おうちの方へ ひいたくじにかかれた絵によって動きを変えることを通して、分岐処理について考えます。

1 命令はくじをひいた順に実行します。⇒、☆、⇒の順にくじをひいたので、「右へうごく」、「色をぬる」、「右へうごく」順に動きます。⇒のくじでは右に１つ移動するだけということに気をつけましょう。

21 ぶんき⑦

1 ㋑

2 ①㋓

②㋑

おうちの方へ 上がった旗にかかれている形によってポーズを変えることを通して、分岐処理の考え方を学ぶことができます。

1 どの形がかかれた旗ならどんなポーズをとるのかを確認します。旗が上がった順にポーズを追加したときにどうなるのかを考えます。実際に人形や自分の体を動かして考えてみましょう。

2 1と同じように、順にポーズをつけたしていくことに気をつけましょう。

②２つ目の旗が上がったときのポーズは、「手をあわせる」、「目をとじる」の動きをしたポーズになります。

22 ぶんき⑧

1 3

2 ①（**まるい**　しかくい）

②（まるい　**しかくい**）

③（まるい　**しかくい**）

④（**まるい**　しかくい）

3 3

おうちの方へ フローチャートでは分岐をひし形で示し、ひし形の中に条件を書きます。条件によって矢印の動きが変わります。

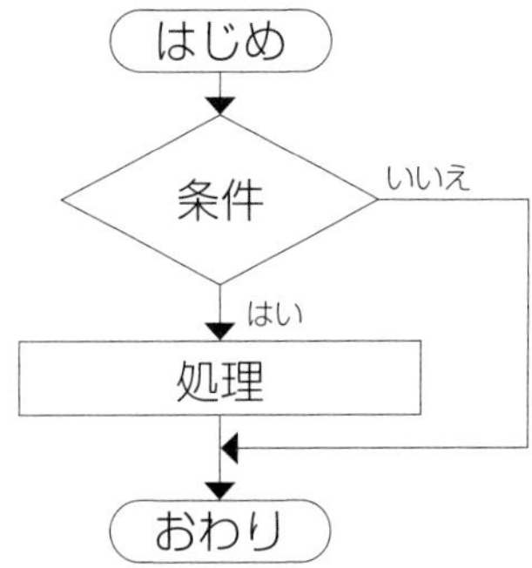

フローチャートで示された通りにクッキーの形によって箱に入れるか否かを考えることを通して、分岐処理について考えます。

1 ひし形の中に書かれている内容が条件です。クッキー１枚１枚に対してどの矢印をたどればいいのか、指でたどりながら考えてみましょう。

2 「はい」のときの処理と「いいえ」のときの処理が異なることに気をつけましょう。

3 「いいえ」の回数を数えましょう。

23 ぶんき⑨

1 ①（**大きい**　小さい）
②（大きい　**小さい**）
③（**大きい**　小さい）
④（**大きい**　小さい）

2 4

3 ①（大きい　**小さい**）
②（大きい　**小さい**）
③（**大きい**　小さい）
④（**大きい**　小さい）

4 大きい　かご　㋒、㋔
小さい　かご　㋐、㋑、㋓、㋕

おうちの方へ　フローチャートで示された通りに、つみきの形によって入れる箱が変わることを通して、分岐処理について考えます。また、形の学習についても理解できていることを確認できます。

1　ひし形の中に書かれた条件を確認し、「はい」の場合と「いいえ」の場合にどの処理をおこなうかに気をつけましょう。つみきの形に着目し、上につみきを積むことができるかどうかを考えてみましょう。④の円柱は、底面が平らなので積むことができます。

3　つみきの形に着目し、つみきが転がるかどうかを考えましょう。転がる場合には、どのかごに入れるのか、転がらない場合には、どのかごに入れるのかを、矢印を指でたどると考えやすくなります。④の円柱は横向きなので転がります。

24 ぶんき⑩

1 ①（くろ　**白**）
②（くろ　**白**）
③（**くろ**　白）
④（くろ　**白**）

2 2

3 ①（くろ　**白**）
②（くろ　**白**）
③（**くろ**　白）
④（**くろ**　白）

4 くろい　はこ　㋒、㋓
白い　はこ　㋐、㋑

おうちの方へ　フローチャートで示された通りに、カードにかかれた式を計算した答えによって、カードを入れる箱が変わることを通して、分岐処理について考えます。また、簡単なたし算やひき算についても理解できていることを確認できます。

1　まず、計算の答えを書きましょう。次に、カードをどちらの箱に入れるかを考えましょう。

3　ひし形の中に書かれた条件に着目します。黒い箱に入れる場合と白い箱に入れる場合の条件に気をつけましょう。ひき算カードに書かれた式の答えを求め、条件によってどの箱に入れるかを考えましょう。

25 まとめの テスト

1 ㋐

2 ①
○(△)　□(●)　△(●)　○(△)　○(△)　△(●)　□(●)

②
◇(●)　○(△)　▽(●)　□(●)　○(△)　⬡(●)　△(●)

3 ①（くろ　**白**）
②（**くろ**　白）
③（**くろ**　白）
④（**くろ**　白）

4 くろい　はこ　㋐、㋒
白い　はこ　㋑、㋓、㋔

おうちの方へ 分岐処理に関するまとめのテストです。

1 くじにかかれた形と服を確認して、くじに合った服がどれかを考えましょう。

2 タイルに絵をかく条件を問題文から読み取ります。まるいタイルには△をかき、それ以外の形のタイル（正方形、三角形、六角形）には●をかきましょう。

3 フローチャートに書かれた命令の通りにカードを分類します。それぞれのカードがどの色の箱に入れるのかを指でたどりながら考えてみましょう。

26 イベントしょり①

1 （**できる**　できない）

2 ㋑

おうちの方へ コンピュータで文字を入力するときは、キーボードのキーを押したときだけ文字が出力されます。このように何かを操作したり、何か特定のことが起きたときにプログラムが動作することを「イベント処理」といいます。

今回の問題では、ロボットが壁にぶつかったときにロボットの進む向きが変わることを通して、イベント処理について考えます。

1 ロボットの動きを指でたどりながら考えてみましょう。ロボットは壁に2回ぶつかります。そのつど左を向くので、家に着くことができます。

2 ロボットの動きを指でたどりながら考えましょう。もしわかりにくければ、紙を回して考えてみましょう。

27 イベントしょり②

1 ①㋓
②㋒

2 ①㋑
②㋒
③㋒

おうちの方へ

1 このロボットは命令によって、壁にぶつかったときに向く方向が決まります。

①ロボットが壁にぶつかったときに、どの向きを向けばよいのかを考えます。壁には2回ぶつかります。1回目は左、2回目も左を向けば、家に着くことができます。

2 ②壁には4回ぶつかります。1回目は右、2回目も右、3回目は左、4回目も左を向けば、家に着くことができます。

③図をよく見ると、②を90°右に回転した図であることがわかります。

28 コンピュータの　かんがえかた①

1 ㋑

2 ①

	0	0
	0	0

②

0	0	0

③

	0	0
0		
0		

3 ㋓

4 ①

	0	0	
0			0
0			0
	0	0	

②

	0	0	0
0			
	0		0
0		0	0

③

0		0	0
	0		
0			0
0	0		0

④

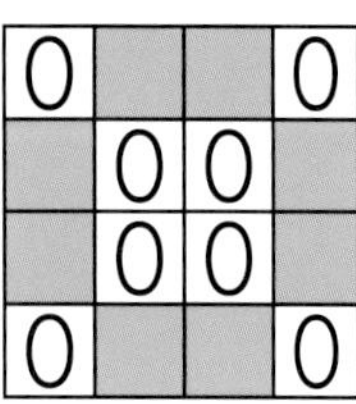

0			0
	0	0	
	0	0	
0			0

⑤

0		0	
0		0	
	0		0
	0		0

⑥

0		0	0
0		0	
	0		0
0	0		0

おうちの方へ　コンピュータは「0」と「1」の2つの値を使って数を表現します。「0」と「1」の2つの値で数を表すことを「2進法」といいます。コンピュータのディスプレイは、点の集まりです。その点に色がついている(1)か、ついていない（0）かを「0」と「1」で表すことで、画像を表現することができます。

今回の問題では、1のマスを塗ることを通して、コンピュータが画像を表現する方法について体験します。

2　1のマスのみを塗りつぶします。0のマスは塗らないことに気をつけましょう。

29 コンピュータの　かんがえかた②

1 ㋐

2 ㋑

3 ㋒

4

2	2	2	0	0	1
2	0	2	0	2	0
2	2	2	2	0	2
1	0	1	0	2	0
0	1	0	1	0	1

おうちの方へ

❶　「0」と「1」以外に「2」のマスがあります。それぞれ、どの色を塗るのかを確認し塗っていきましょう。

❹　どの色がどの数だったのかを考えながら、数を書いていきましょう。

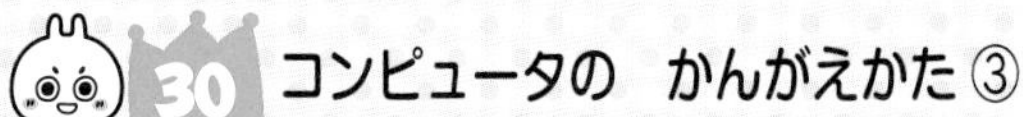

30 コンピュータの　かんがえかた③

❶ ㋑

❷ ㋓

おうちの方へ　プログラミングでは条件が複数あるときに、「すべての条件が成り立つ場合」や「どれか1つの条件が成り立つ場合」、「どれも成り立たない場合」などによって動きを変えることができます。

今回の問題では、道を進むことができる看板の組み合わせを考えることを通して、いくつかの条件がすべて成り立つという意味の「論理積（AND）」について考えていきます。

❶　看板がどの状態のときに道を通ることができるのかを考えましょう。

❷　看板の数が増えたとき、×が1つでもある場合は通ることができないことに気をつけましょう。

31 コンピュータの　かんがえかた④

❶ 水

❷ 金

❸ 月

❹ 月、金

おうちの方へ　公園で一緒に遊ぶことのできる日を考えることを通して、論理積（AND）について考えます。

❶　表を見比べて、両方に丸がついている曜日が一緒に遊ぶことができる曜日です。

❷　問題文から読み取ることが難しいときは、空いている場所にそうたさんの表をかいて、考えてみましょう。

32 コンピュータの　かんがえかた⑤

❶ ㋑

❷ ①㋐、㋓

②6

おうちの方へ　データの表し方の1つに二分木などの木構造があります。木構造は、可能性のある組み合わせを示したり、フォルダのような情報の階層構造を示したりするために用いられます。

今回の問題では、作成可能なカップケーキのトッピングを図を見ながら考えることを通して、木構造を体験します。

❶　どの組み合わせができるのかを指でたどりながら考えましょう。

❷　①線でつながっていない組み合わせは買うことができないことに気をつけましょう。

②端から順番に、何種類あるかを考えましょう。

33 コンピュータの　かんがえかた⑥

1 ㋑

㋐

㋑

㋒

2 3→2→1→4→5

3 ㋒

とる

㋒

㋓

おうちの方へ コンピュータでデータを扱う方法の1つに「スタック」があります。スタックは後から入れたデータを先に取り出すことができます。ソフトウエアで1つ前の状態に戻す場合やブラウザの閲覧履歴の表示などに利用されています。

今回の問題では、ロボットを操作してつみきを取り出す動作を考えることで、スタックの動きを体験します。

1 目的のつみきを取り出すまで上から順につみきを取り出します。目的のつみきを取り出したら、つみきを元に戻します。一番上に積まれた㋒を取り、次に㋑を取り、次に㋐を取ります。㋐を取り出したら、㋑を戻し、次に㋒を戻します。

2 目的のつみきを取り出したら終わりではなく、目的のつみきを取ってから他のつみきを戻すまでを考えながら取り組みましょう。

3 空いているところには、記号だけではなく言葉も入ることに気をつけましょう。言葉の場合は「とる」か「もどす」のどちらが入るかを考えましょう。

34 へんすう①

1 ㋓

2 ①㋒

②㋐

おうちの方へ プログラミングで重要な考え方の1つに「変数」があります。変数はプログラムで使用する値を一時的に保存することができます。必要なときに値を参照したり、値によって処理を変更したりするときなどに使われます。1つの変数に保存できるのは1つの値だけです。

今回の問題では、ロボットが最後に伝えられた言葉を覚えることを通して、「変数の値を1つしか覚えることができない」ことや、「値は上書きされることがある」などの変数のしくみについて考えることができます。

1 ロボットは最初に「キャラメル」を覚え、次に「わたあめ」を、その次に「クレープ」を覚えます。ロボットは1つしか覚えることができないので、「キャラメル」と「わたあめ」は忘れてしまいます。

35 へんすう②

1 ①1ごう　こんにちは
　2ごう　ハロー
②1ごう　こんにちは
　2ごう　こんにちは

2 ①1ごう　ありがとう
　2ごう　サンキュー
②1ごう　サンキュー
　2ごう　サンキュー

おうちの方へ 変数の値を別の変数に保存することもできます。今回の問題では、ロボットが覚えている言葉を他のロボットに伝えることを通して、変数の値を他の変数に代入することについて考えます。

1 ②ロボット1号は「こんにちは」を覚えています。ロボット2号は「ハロー」を覚えています。ロボット2号にロボット1号の覚えている言葉を覚えるように命令すると、ロボット2号は覚えていた「ハロー」を忘れて「こんにちは」を覚えます。

36 へんすう③

1 ㋒

2 ①㋑
②㋒
③㋓

おうちの方へ プログラムは変数に代入された値によって動きを変えることができます。今回の問題では、最初にジャンプ力を決めることを変数へ値を代入することに見たてています。変数の値が変わるとジャンプする板の枚数が変わることを通して、変数の値による処理の変化について考えます。

1 ジャンプ力はずっと同じであることに気をつけましょう。壊れた板をさけるためには、ジャンプ力をいくつに設定すればよいかを考えてみましょう。

37 まとめの テスト

1 ①㋑
②

0	2	1
1	1	0
2	0	2

2 とる
㋑
㋐
㋒、もどす

3 ㋑

おうちの方へ コンピュータの考え方と変数に関するまとめのテストです。

2 目的のつみきを取り出すまで、上から順につみきを取り出します。㋒を取り、㋑を取り、㋐を取ります。㋐を取ったら、㋑を戻し、㋒を戻します。

38 しあげの ドリル1

1 ㋓

2 ①㋒

②⇧ ⇧ ↰ ⇧

おうちの方へ これまで学んだことのまとめとして、アイコン型のプログラミング言語を使ってロボットに命令したときの動作を考えます。

1 ロボットに命令して四角をかきます。選択肢の命令を１つずつ指でなぞりながら実行し、考えてみましょう。まず、四角をかくためにはロボットを１マス進ませるか、左に向きを変える命令が必要です。㋐は「左を　むく」が３回続くので、「右を　むく」ことになり、四角をかくことができません。㋑は四角をかくことができますが、図と違う位置にかくことになります。また、㋒は向きを変える命令がないので、直線をかくことになり、四角をかくことができません。正解は㋓です。

2 ①命令に従って実際に線をかいてみましょう。↰は、その場を動かずに左を向くことに気をつけましょう。

39 しあげの ドリル2

1 ①㋐

②㋑

2 ①㋓

②

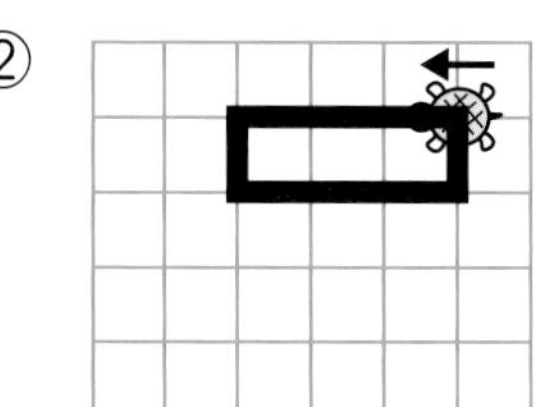

おうちの方へ アイコン型のプログラミング言語を使ってロボットに命令したときの動作を考えます。

1 ①左から命令を１つずつ実行します。マスにかき込みながら考えてみましょう。

②ロボットのはじめの位置や向きが①と違うことに気をつけて考えましょう。

2 ① ↰ ⇧ ⇧

が４回繰り返して行なわれることから考えましょう。１辺が２マス分の正方形になることがわかります。

次のWebサイトでは「しあげのドリル」の内容を実際のプログラミングで確認することができます。
大阪電気通信大学
兼宗研究室
ドリルの王様情報サイト
https://es-drill.eplang.jp